歴史文化ライブラリー

181

土一揆の時代

神田千里

吉川弘文館

目次

土一揆とは何か―プロローグ……1

十五世紀前期の京都と土一揆

正長元年の土一揆……12
嘉吉元年の土一揆……22
文安四年の土一揆……31
初期の土一揆の特徴……35

土一揆来襲の恒常化

享徳・長禄の土一揆……41
寛正期の土一揆……58
恒常化する土一揆の特質……72

足軽・悪党・土一揆

足軽と土一揆……78
悪党と土一揆……93

自衛する村・町と土一揆
一揆蜂起する被官たち……106
防衛体制の進展……117
住民の自衛・将軍の天下……134
一揆の時代
土一揆と一揆……148
戦場へ向かう民衆……164
百姓一揆の時代へ
土一揆としての島原の乱……180
百姓一揆の思考……201
民衆の中世を考える―エピローグ……211
あとがき
主要参考文献

1

土一揆とは何か──プロローグ

大乱前夜の土一揆

文正《ぶんしょう》元年（一四六六）九月六日、京都は大乱勃発の噂《うわさ》でもちきりだった。将軍足利義政の弟で、義政の後継者とされていた足利義視《よしみ》が、義政から自分自身が誅罰《ちゅうばつ》されようとしているとの密告を受け、驚いて前管領《かんれい》細川勝元の宿所に逃げ込み、自分を義政に讒言《ざんげん》した幕府政所《まんどころ》執事《しつじ》伊勢貞親《さだちか》を逆に誅罰するよう訴えたというのである（『後法興院記』）。

伊勢貞親と義視を庇《かば》った細川勝元とは、ともに三管領家《さんかんれいけ》の一つ斯波《しば》氏の家督《かとく》争いにかかわり対立を深めていた。斯波家では、貞親の後押しする斯波義敏《よしとし》と、勝元や山名宗全《そうぜん》らの支持する斯波義廉《よしかど》とが家督の地位を争っていたのである。貞親から陰謀により抹殺されか

図１　細川勝元像（龍安寺所蔵）

かった義視が、細川勝元に救援を求めたことで対立は一触即発の危機を迎えた。

文正《ぶんしょう》の政変と呼ばれるこの事件は、翌日伊勢貞親、蔭涼軒《いんりょうけん》の季瓊真蘂《きけいしんずい》、それに斯波義敏が近江へ逃亡しいちおうの決着をみた（『後法興院記』）。だが京都住民にとってはこの直後に、戦乱にも匹敵する大混乱が待ち受けていた。斯波義廉家臣朝倉孝景《たかかげ》の被官《ひかん》たちが、義敏の被官が寄宿していたとの理由で町家に押し入ったのをはじめ、山名宗全や朝倉の家来たちが、伊勢貞親や季瓊真蘂の家来の町人の家々へ押し入り、破却《はきゃく》し放火する（『後法興院記』『大乗院寺社雑事記』）。さらにこれに便乗した土一揆《つちいっき》《どいっき》が乱入して掠《りゃく》奪《だつ》を行ない、貞親の家来の町人たちはことごとく殺害されたとの噂が流れた(『大乗院寺社雑事記』)。

さらに山名・朝倉の家来たちは酒屋・土倉《どそう》など金融業者を攻撃し、家財を掠奪し、奪い尽くした家に放火する(『経覚私要鈔《きょうがくしようしょう》』)。これら金融業者が貞親の家来だったから攻撃されたとの見方もあったが、多くの人々はこの金融業者に対する掠奪を「徳政《とくせい》」、すなわち債権債務関係の破棄や、土地売買契約の破棄を実力で強行するあの徳政と見なした。そしてあろうことか、武士たちによる掠奪が荒れ狂うさなか、幕府の侍所《さむらいどころ》によってとうとう京都における徳政令が宣言されたのである(『大乗院寺社雑事記』)。

応仁《おうにん》の乱勃発の前年に起こったこの事件は、後年、文正元年の「土一揆」と呼ばれた(『政所賦引付』文明九年二月九日条)。京都とその周辺の「土民」が武装し団結して京都に侵入し、徳政を理由に酒屋・土倉などの金融業者の家を襲撃して、借用証文や借金の担保となった質草を強奪して借金を棒引きにし、さらに幕府に徳政令発布を強要する、あの土一揆と同じものと見なされたのである。

民衆運動のイメージ　土一揆といえば、十五世紀から十六世紀にかけての室町・戦国時代にみられる民衆の運動として注目されてきたものである。酒屋・土倉などの金融業者を襲撃して借用証文の破棄、質草の奪還などを行なう(歴史学では「私徳政《しとくせい》」と呼ばれる)ことは、酒屋・土倉への債務に苦しめられた京都周辺の村民たちの、債務からの解放を求める運動であり、幕府に徳政令の実施を求める圧力としての実力行動として理解されてきたのである。土一揆の中でも特に著名な、正長元年(一四二八)に京都や奈良を襲った土一揆(正長《しょうちょう》の土一揆)も、嘉吉元年(一四四一)に京都を襲い、幕府の手で徳政令を発布させるに至った土一揆(嘉吉《かきつ》の土一揆)もこのようなものと考えられてきたはずである。

正長元年の場合は疫病や洪水の被害から「天下飢饉」となった年で、この年に天皇・将軍の交代もあった。飢饉の惨状にさらされ、政治的変革の予感がひろがる中での武装蜂起は、飢饉に抗し、生き残りをかけて支配者に異議申し立てをする民衆の蜂起と考えられたのである。嘉吉元年の場合もまた京都では流行病の蔓延や大雨・洪水の被害が甚だしかった。さらにこの年将軍足利義教《よしのり》が暗殺され、暗殺した赤松満祐《みつすけ》の本拠地である播磨《はりま》に追討軍が派遣される、という物情騒然たる中での蜂起だった。この年が将軍の代替りの年であるとの理由で、土一揆が徳政の行なわれるべきことを主張したことが知られている。これも、支配者に向けた民衆の主張を窺《うかが》うことのできる民衆の蜂起として注目されてきた。

さらにいえば、応仁の乱の二〇年ほど前から、土一揆蜂起の頻度は目だって高くなり、ほぼ三年をおかず京都を襲うようになる。そして応仁・文明の乱中にはなりをひそめているものの、乱の終息とともにふたたび頻発するようになり、十五世紀末に至るまで、乱前とほぼ同じ頻度で京都を襲っている。日本史上、民衆の力が飛躍的に向上し、無視できない勢力として歴史の檜舞台に登場したこの時代に、あたかも乱世の申し子のように、土一揆は京都を襲い続けた。だから土一揆はこの時代に至って出現した、支配者に抗する民衆の運動と見なされてきたのである。

ところが文正元年の事件は山名、朝倉といううれっきとした大名や有力武将の家来たちが主導して引き起こした、一種の暴動ともいえる掠奪事件ではないか。大名らの勢力争いが原因であっても、民衆の事情に基づいたものとは言いにくい。それに民衆の標的となりやすい、膨大な債権を握る酒屋・土倉が攻撃対象とされるのみならず、かなりの数の京都町民が、伊勢貞親らの恩顧をうけたという理由だけで皆殺しに等しい掠奪に遭った。この事件を記した『文正記《ぶんしょうき》』も、酒屋・土倉のみならず町人や身分の低いものたちが仰天して逃げ回り、家財を避難させようとしたにもかかわらず、土一揆の「剝《は》ぎ取り、奪取」の餌《え》食《じき》となった、と同情をこめて記しているくらいで、むしろ最大の被害者は民衆といってもおかしくない。これがなぜ土一揆と呼ばれるのであろうか。

土一揆は民衆運動の中でも、特に村に属する住民が主体となった運動だと考えられてきた。この時代にひろく成立するようになる惣村《そうそん》、すなわち村住民の自治組織が中心的な主体であるとされてきたのである。たしかに村民による村ぐるみの土一揆の事例を確認することは可能である。たとえば応仁・文明の乱中に、京都東寺《とうじ》の領地である備中国新見庄《にいみのしょう》の村では、守護細川氏の荘園への侵入に対抗し、領主東寺以外に服従することはしないと村住民の男子が残らず神前に集会して結束を誓い「土一揆」を結成したことが知られる。これは間違いなく村ぐるみの蜂起といえよう。

武家被官人の姿

ところが一方、土一揆の中には、大名や武士の被官人の姿も見え隠れしているのである。たとえば正長の土一揆の時には、諸家の被官人が土一揆に与同しないよう、将軍から下知《げち》がなされ、命令に対して請文《うけぶみ》（承諾書）を出した家もあった。公家や武家の家来たちの中には、土一揆に加わった者もいたことが窺われる。嘉吉の土一揆についても、幕府の有力大名畠山持国《はたけやまもちくに》との結びつきを指摘する研究者もある。

正長、嘉吉の土一揆以外にも、後に詳しくみるように、土一揆の中に武家被官の姿を見出すことは容易である。幕府の大立者細川政元から、彼の京都の屋敷前で閲兵をうけた土一揆さえあったことは有名な事実であるし、細川政元の寵愛《ちょうあい》をうけ、自ら望んで政元から「土一揆の大将」に任命された被官もいた。土一揆は、単純に村を単位に結束した一揆集団とはいえないのである。

また応仁・文明の乱で勇猛な庶民兵として注目をあびた足軽の集団は、これも後に詳しくみるように、しばしば土一揆と同一のものと見なされた。土一揆の「大将」の名が分かるような場合にも、「名主《みょうしゅ》」「沙汰人《さたにん》」（近世の村の庄屋に匹敵する存在）など村の指導者がみられる場合はほとんどない。むしろ牢人《ろうにん》など下級武士、大名家中の末席に連なるような被官（家来）、あるいは盗賊、流民《りゅうみん》などの頭目とみられるような名前の人物である場合が目立つのである。こうした点に注目して稲垣泰彦氏のように、単なる農民闘争とは見なしがたいものとした研究者、永原慶二、今谷明両氏のように幕府における権力闘争との関連を指摘した研究者もいる。

本書の視点

土一揆が、村の住民をはじめとする民衆の運動という通説からはなかなか想像のつきにくい、かなり複雑な実態をもつらしい存在であることがお分かりいただけたと思う。もともと「土一揆」という中世の言葉は、徳政を要求して蜂起する土民の集団にも、戦争のために動員された土民の集団にも区別なく用いられた。このような当時の人々の目線からみれば、徳政を求める「土一揆」も、武士に率いられて戦う「土一揆」も同質の存在だったといえよう。

事実、国人《こくじん》同士の勢力争いに介入して蜂起した土民の集団も「土一揆」と呼ばれたし、本願寺門徒の国人による一向一揆が引き起こした武装蜂起も「土一揆」と呼ばれた。当時の言葉に即した実態からみれば、土一揆は単に徳政、すなわち債務からの解放を求めたものとのみ考えるわけにはいかないのである。

このように一筋縄ではいかない土一揆の実態を、当時「土一揆」と呼ばれたもの全体を視野に入れつつ、できるだけ具体的にみていこうというのが本書の趣旨である。特に注目したいのは、民衆の運動とされてきた土一揆が、直接に土一揆には参加していない民衆からどのようにみられ、どのような関係にあったかという点である。今みた文正土一揆の実態からみれば、民衆に支持された運動、と単純に言い切ることはできないからである。

土一揆によりもたらされた徳政が民衆の生活にどのような影響を与えたか、土一揆に対して京都やその近郊の住民がどのような対応をとったか、などについてはこれまであまり問題とされることがなかった。しかし実は、これら民衆の対応もまた一筋縄ではいかないものである。土一揆の攻勢に便乗して自らも債務を破棄した住民も当然みられる一方、むしろ土倉との平和的な対応を選んだ住民もいる。土一揆の侵入に対しては荘園領主に味方して戦った住民もいる。荘園領主と密接な連絡をとりながら、土一揆への対応を協議していた村もある。このような動向もまた、土一揆を考える大事な要素ではないだろうか。

以上のようなさまざまな場面を視野に入れつつ、「日本開闢《かいびやく》以来土民蜂起、これが初めなり」と大乗院尋尊《じんそん》によって記された正長の土一揆を起点として土一揆の歴史をたどっていくことにしよう。これまでの研究で最もよく知られたものは、京都近郊の、徳政を求めて酒屋・土倉を襲撃した土一揆であるので、まずはよく知られたこれらの土一揆をできるだけ具体的にみていこう。さらに、戦国期に各地でみられる土一揆を視野にいれて、土一揆の具体像に迫っていきたい。そこに現れてくる土一揆の姿、そして、その土一揆に対応する人々の姿に、この時代の、思わぬ特質が浮かび上ってくるかもしれない、というのが筆者のささやかな期待である。

十五世紀前期の京都と土一揆

正長元年の土一揆

日本最初の土民蜂起

正長《しょうちょう》元年（一四二八）に起こった有名な土一揆は、数ヵ国に波及した大規模なものであった。『社頭之諸日記』（『集古文書』五八―六〇）は「此ほど近江国より土一揆の衆等、御得政（御徳政、以下同）と云ふ事を仕出して、所々の倉々を破る、それより下京（上も少し）馬借《ばしゃく》攻入て得政をなす、これを始めて伊賀・伊勢・宇陀・吉野・紀国（紀伊国）・泉国（和泉国）・河内・堺、惣《すべ》て日本国残りなく御得政行《ゆ》く、当国（大和国）にも里別に得政置かるなり」と記している。ここに「馬借」とあるのは、運送業者の馬借ではなく、土一揆のことで、中世では馬を使った運送業と土一揆とを同じ言葉で呼んでいる。これをみると土一揆の波及の過程は、近江を起点に京都へ、さらに畿内・近国に波及する、という経路を辿《たど》っている。

この年は正月早々、将軍足利義持《よしもち》が死去して新将軍足利義教《よしのり》が就任し、四月には応永三十五年から正長元年へと改元された。五月に鎌倉公方足利持氏《もちうじ》が京都に攻め上ろうとして関東管領《かんれい》上杉憲実《のりざね》に諫止《かんし》されたとの情報が京都に伝わり、七月初めに大覚寺統《だいかくじとう》の小倉宮が伊勢へ出奔し、北畠満雅《きたばたけみつまさ》に迎えられるなど南朝残党の動きが活発化する。後小松上皇は既に重態となっていた称光《しょうこう》天皇の後継に備え、伏見宮貞成《さだふさ》親王の子彦仁《ひこひと》王（後花園天皇）を猶子《ゆうし》とした。二十日に天皇は死去、八月初めには満雅が持氏の命により挙兵するとの情報が幕府に伝えられた。将軍・天皇の代替り、改元とともに政変を予感させるような動向が顕在化し始めていたのである。

加えてこの年は、冒頭でも触れたように災害の結果飢饉になった年であった。四月には京都で三日病《みっかやまい》（流行病の一種）が流行《はや》り、将軍自身が罹病したのをはじめ大名、公家にも病死者が出、将軍の醍醐寺三宝院への渡御にも、病人続出のため「上下人なく」支障を来たすほどの猛威を振るい、諸社で祈禱が行なわれた。正長元年の改元は、この病害で多数の死者が出たことに朝廷が対処したものであった。五月・六月と二度にわたり京都で洪水があり、遠く上野国、会津でも洪水があった。そして諸国は飢饉に襲われたのである。十五世紀を通じて、京都を土一揆が襲った年はほぼ例外なく、飢饉やその原因となるような災害の起こった年であるが正長元年も多分にもれなかった。

興福寺大乗院の門跡尋尊《もんぜきじんそん》の記した記事は有名である。

一天下の土民蜂起す。徳政と号し、酒屋・土倉・寺院等を破却せしめ、雑物等恣《ほしいまま》にこれを取り、借銭等悉《ことごと》くこれを破る。管領これを成敗す。凡《およ》そ亡国の基これに過ぐべからず。日本開闢《かいびゃく》以来土民蜂起、これ初めなり。（『大乗院日記目録』）

土一揆は既に文和三年（一三五四）に史料に現れる。十五世紀の初めになれば土地売券に、この売買契約は「天下一同又は公家・武家の土一揆」などの徳政があっても破棄されることはない、との文言が記されているから、土一揆が徳政の実施を標榜して蜂起することはこれ以前にもめずらしくはなかったことが想像される。しかし「日本開闢以来」の土民蜂起と記されているのは、よほど大規模なものであったからなのだろう。

京都を襲う土一揆

正長の土一揆は大規模なものであったことが窺《うかが》えるものの、土一揆の具体的な行動やそれに対する人々の動きがやや詳しく知られるのは京都と奈良についてである。

京都東郊外の醍醐《だいご》に土一揆の動きが波及してきたのは九月十八日のことである。明け方から醍醐の地下人《じげにん》（侍より下の身分の一般民衆）が徳政の実施を呼号して蜂起し、方々で借用証文を破棄している、との情報を得た醍醐寺三宝院の門跡満済《まんさい》は、細川満元《みつもと》へ急報、さっそく軍勢数百騎が派遣されて灌頂堂以下醍醐寺の建物を警固したため、郷民たちは逃げ散った。さらに満済は管領の畠山満家に連絡し、将軍足利義教は、侍所所司の赤松満祐《みつすけ》に命じて侍所の軍勢二〇〇騎ばかりを山科《やましな》に陣取らせ、醍醐寺を警固させた（『満済准后日記《まんさいじゅごうにっき》』）。

満済が記すように、この徳政騒ぎの原因は近江国で徳政が実施されたことであった。近江では八月に山門延暦寺の領内である「山上・山下」と「一国」すなわち守護の支配領域で徳政が行なわれた（『大徳寺文書』）。これが九月になって京都に波及してきたのである。九月下旬には京都の地下人がところどころで掠奪《りゃくだつ》していることが記されている（『薩戒記目録《さっかいきもくろく》』）。

恐らくこの頃と思われるが、土一揆が東寺近辺の針小路猪熊に押寄せ、侍所では東寺に軍勢を駐屯させてこれに備えた。その後また土一揆来襲の噂があり、侍所が東寺に軍勢を駐屯させようとしたところ、この時東寺は、駐屯は免除されるよう辞退したという。その後今度は土一揆が東寺に陣取るかもしれない、との噂に東寺側は侍所の軍勢の駐屯を受け入れた（『東寺百合文書』し一〇二）。寺院の占領は土一揆の特徴的な行動の一つであり、事実嘉吉の土一揆以降、東寺は必ずといってよいほど土一揆に占領されることになる。

侍所は東寺領内の住民が皆土一揆の張本人であるのは、東寺が土一揆を許容しているからではないかと詰り、逮捕された吉祥院という者が、東寺は土一揆に味方していると白状したとして詰問している（同上）。十一月の中旬頃、東寺領内で土一揆張本人の糾明が行なわれたらしい（『鎮守八幡宮供僧評定引付』）。十一月二十二日には幕府により徳政を禁止する禁制が出されている（『東寺百合文書』ヰ七七（二））。

京都では十一月六日から十日頃に及び土一揆は方々で「私徳政」を行ない、略奪も行なってたらしく、十日には京都の「空也上人御堂」が放火にあって消失している（『薩戒記目録』）。この土一揆に加わった者たちは「地下人」と呼ばれ、東寺領の者も槍玉にあがっているように「百姓」（平民）主体であったと思われるが、十一月四日には法勝寺の執行が徳政にかかわったとして斬首され（同上）、「諸家被官人」が一揆に味方しないよう幕府の通達も出されており（同上）、僧侶や武家被官人もその一部であったことが窺われる。結局管領の畠山満家の手で撃退され、幕府によって徳政令が出されるには至らなかった（『建内記』）。

奈良への土一揆来襲

奈良では土一揆の蜂起が異なる展開をみた。「社頭之諸日記」などによると十一月二日、鳥見、生駒などの「馬借《ばしゃく》」すなわち土一揆が、西大寺、法華寺に入り、私徳政《しとくせい》を行なおうとしたので、衆徒《しゅと》（興福寺僧の身分にある大和の有力武士）の筒井が三〇人ばかりの軍勢で追い払い、三日には六方《ろっぽう》（興福寺の学問僧のうち、一般構成員の身分にある若衆）も超昇寺まで駆けつけ、土一揆の二人を討取った。この晩、奈良住民を動員するために用いられていた興福寺観禅院の早鐘が撞《つ》かれ、奈良は臨戦態勢に入る。これ以前、既に山城方面から徳政を求める土一揆が来襲するとの噂が流れ、興福寺で早鐘が鳴らされた時は、興福寺・東大寺ともに、法螺貝《ほらがい》や鐘を鳴らして住民を動員し、防禦することが申し合わされていた（『東大寺転害会施行日記』）。

さらに八日になると般若寺周辺に数千人の土一揆がかがり火を焚いて陣取る。奈良に侵入しようとの構えに、興福寺側では大仏の鐘（東大寺の鐘か）を早鐘について「乾脇の筒井殿」が一〇〇人ほどの軍勢を率い、馬借と交戦した。十九日には山城国からの土一揆が数千人、平野でかがり火を焚いて陣取っているところに筒井が三〇人ばかりを率いて攻撃をしかけ、土一揆三〇人を討取り、三人を捕虜にした。奈良の町では防備の木戸を閉じて夜番を置き、衆徒や学侶《がくりょ》（学問僧）二五〇〇人ばかりが奈良の防衛にあたった。二十日夜にも土一揆の攻勢があり、この時は奈良側が敗れ、和束《わづか》の住民数十人が討死するという損害を蒙った（『東大寺転害会施行日記』）。

こうして衆徒を中心とする学侶、奈良住民などの勢力が土一揆と対峙する中、南方の宇陀などから、土一揆が襲撃をかけて徳政を強要し、中にはこれに応じる寺院も出るようになる（『東大寺転害会施行日記』）。戦況は奈良側にとって不利となり、二十五日になって山城国賀茂の武士たちが「中人《ちゆうにん》」すなわち両者の調停を買って出、興福寺衆徒が徳政を宣言することで和睦が成立した。徳政の内容は以下の四点、すなわち第一に債務については、債務額の三分の一を債務者が支払うことで帳消しにする、第二に憑支《たのもし》（憑支講の参加者による相互融通の金融システム）は廃止すること、第三に五年以前の債務は無償で破棄すること、第四に、去年の「地子《じし》」すなわち年貢の未進は納入免除にすることである。さて徳政が行なわれることになったが、中には債務の元本を支払い徳政令に従わなかった者もおり、あるいは徳政に応じても三分の一ではなく、半額を払って債務を帳消しにした者もいたという。

和睦としての徳政

奈良の土一揆の特徴は、第一に奈良という都市を、北側の山城、また南側の宇陀など外部の、つまり余所者《よそもの》の土一揆が襲撃するという点である。言い換えれば、土一揆の参加者総《すべ》てが奈良の金融業者に債務を負っていたとは考えにくい。事実、興福寺の衆徒はもちろんのこととしても、観禅院の早鐘を合図に動員される奈良住民をはじめ、奈良の関係者の多くはこの襲来に立ち向かっている。和束の者が奈良側について討死していることも、この点を裏付けるものである。彼ら余所者の土一揆の目当ては債務からの解放よりも、むしろ奈良という都市に蓄積されている富が目当てだったとも想像される。

第二にこの余所者の土一揆に対して劣勢の中で和睦する条件として、見方によっては降参の表明ともいえるかたちで徳政が宣言されていることである。少なくとも徳政は土一揆側の主張の承認であり、奈良側の譲歩であった。しかも徳政の実施が、奈良とその近隣住民など関係者のほとんどに支持されたとは即断できない。土一揆との協約に従わず、債務を返済したり、徳政に応じた場合も徳政令の規定よりも債権者側に有利な条件で話をつけた者もいたのである。徳政はあくまでも、土一揆の参加者に関する限りでの勝利宣言とみなくてはならない。

この後も襲来した土一揆の攻勢に対し、和睦のための譲歩として、徳政を宣言した例がある。文亀三年（一五〇三）八月、大規模な土一揆が蜂起して奈良を襲い、法隆寺も土一揆の攻勢に曝《さら》された。このおり法隆寺と土一揆との折衝を買って出た堤栄綱という武士は、法隆寺に対して直ちに徳政を宣言すべきことを勧告し、次のように説く。すなわち奈良で興福寺の衆徒が徳政を宣言すれば、大和全体で徳政が行なわれ、法隆寺が掠奪に曝されることは間違いないから、そうなる以前に法隆寺自身の手で徳政の札を打ち、土一揆への譲歩を示す必要がある、と（『法隆寺文書』）。

これまでの研究が明らかにしてきたように、徳政によって債権・債務関係が破棄されたり、土地売買の契約が破棄されたのは、中世びとの土地所有観念に基づく正当性に支えられたものであった。土地は、それを開発した者とその子孫にこそ継承されるべきものであり、たとえ債務の担保として質流れの憂き目に会おうと、さらには一旦《いったん》売却されようとそれだけで所有権が移動したりはしない。なんらかのきっかけによってもともとの持ち主の手に戻るのが正常な所有のあり方であるという観念が徳政を実現させてきたというのがこれまでの通説である。

たしかに徳政の正当性がこうした観念に支えられていることを中世の史料から窺うことは難しくない。しかしこの徳政観念と、徳政が現実にどのような条件のもとで実施されるかということとは分けて考える必要がある。徳政を主張する際の建前と徳政を望む本音とは別であることは当然想定できるからである。徳政が、現実には京都や奈良のような当時の大都市に蓄積された富を目当てに攻め込んできた土一揆への容認・譲歩として行なわれたことも、中世に行なわれた徳政の、無視できない一面といえよう。

嘉吉元年の土一揆

震源地近江の在地徳政

将軍足利義教《よしのり》暗殺事件の直後に起こったのが著名な嘉吉《かきつ》の土一揆である。京都近辺で土一揆の蜂起が見られるのは八月二十八日頃、清水坂で、京都の行政を担当する侍所《さむらいどころ》の長官京極持清《きょうごくもちきよ》の軍勢と土一揆とが衝突している（『東寺執行日記』）。徳政を強行する土一揆の動きは近江から、守護六角満綱《ろっかくみつつな》による徳政実施から波及したものであった（『建内記《けんないき》』）。嘉吉元年（一四四一）八月の、近江国北津田庄・奥島庄の沙汰人が発布した掟書《おきてがき》が、近江で行なわれた徳政を証言している。そこでは質物《しちもつ》は、借銭の十一分の一を納付する条件で破棄されること、出挙《すいこ》の借銭、年期売地の契約、頼母子講《たのもしこう》の出仕銭は破棄すること、永代売買地契約は一五年以内のものであれば半分、今年の作付分も半分は買手側が徴収すること、但《ただ》し「三社」に関する売買・貸借は徳政の対象とならないこと、を規定している（『大島奥津島神社所蔵徳政札』）。

北津田、奥島という二つの村の、沙汰人（近世における村の庄屋に相当するもの）が発布したこの掟書は、在地で定められた在地徳政の一つと考えられているものである。ただし頼母子講に関しては「講・憑子《たのもし》破るべしと云々」と記されており、「云々」（とのこと）の文言から、別のところで発布された徳政令を沙汰人が自分たちの村に触れたもの、とみることも可能であろう。村独自の徳政条項か、村による、守護などの徳政令の触れか、両方の可能性があるものの、いずれにしても、近江で行なわれた徳政は村という自治組織のレベルで実行されるほど徹底したものであったことが窺《うかが》える。

特に質物については、借銭の十一分の一を債権者に納付するという条件で破棄する、との条項は、正長元年の奈良における徳政条目の、借銭の三分の一を納付したうえで債務を破棄する、という条項と基本的に同じ性格のものであることが窺える。恐らく徳政に直面した債権者、債務者双方の間で行なわれていた慣習に基づくものとみることができよう。

土一揆は九月三日に東福寺を、五日には東寺を占拠する。東寺を占拠したのは鳥羽・吉祥院以下中道より東の、二、三千人ほどの一揆であり、ほかに、丹波口の、一〇〇〇人ほどの一揆は今西宮を、五箇庄衆は一〇〇〇人ばかりで西八条寺を、西岡衆は二、三千人ほどで官庁、神祇官、北野社、太秦寺《うずまさでら》などをそれぞれ占拠し、さらに出雲路口、河崎、将軍塚、清水、六波羅、阿弥陀峰、今愛宕などに、京都を取り囲むように陣を取った（『東寺執行日記』）。

京都を包囲する土一揆

東寺を占拠した土一揆は徳政を「公方様」すなわち将軍に「訴訟」し、容れられなければ東寺伽藍を焼払うと主張した（『廿一口供僧方評定引付』）。他に立て籠もった土一揆も同様の主張をしたらしく、徳政令の発布がなければ占拠している洛中洛外の「堂舎・仏閣」を焼払うと土一揆が宣言したとの証言もある（『建内記』）。土一揆に占領された東寺では、腫れ物に触るように、酒樽五荷と枝豆を土一揆に遣した（『廿一口供僧方評定引付』）。徳政の訴訟をふりかざして寺院を占拠する土一揆はこの後もみることができ、恐らく京都周辺で蜂起する土一揆の一般的な行動様式だったと思われる。洛外の土倉《どそう》の財宝を守ることは難しいから、土倉の財宝を洛中に搬入するようにと幕府が嵯峨辺の土倉に指示したところ土一揆側は、そんなことをすれば天竜寺に放火すると警告した（『建内記』）。「堂舎・仏閣」すなわち寺院は「訴訟」する土一揆の大事な取引材料だったことが窺える。

徳政令発布

徳政を主張する土一揆側は次のようにいう、「将軍の代始めに徳政を行なうのは先例ではないか」と(『建内記』)。暗殺された足利義教の将軍就任当初の正長年中にやはり徳政を求めて土一揆が蜂起したことは既に見た。土一揆はこれが自分たちの主張の根拠となる先例だというのである。浄蓮華院の僧侶尊悟房は、借書を破棄しなければ寺を焼くという土一揆の圧力に屈し、早くも借書の帳消しに応じた(同上)。借書の棄却を拒んだ竜禅房という土倉は土一揆に放火され、河崎土倉に土一揆が押しかけた時には、土一揆に便乗して集まった見物人を、河崎土倉と土一揆とが協力して追い払おうとしたところ、見物人の方が近所の河原者《かわらもの》の家に放火したため、土倉も類焼したという(同上)。

土倉業者の組織である土倉一衆は幕府管領の細川持之《もちゆき》に土一揆の鎮圧を訴え、一〇〇〇貫の賄賂を出した。ところが畠山持国など諸大名の賛成が得られず、持之は賄賂の一〇〇〇貫を土倉一衆に返却し、防禦をやめてしまった(『建内記』)。幕府の重要な課税対象であり、したがって収入源である土倉の訴えより以上に、土一揆の「訴訟」に耳を傾ける幕閣もいたのである。土一揆が単に窮迫した土民とはいえない、複雑な性格をもっていることが知られる。

幕府は土一揆の訴えを容認することにし、土一揆が主張する徳政は認めようと回答した。ところが土一揆の側は「私たちには大した債務はない。公家、武家の人々が債務に苦しめられているのが痛わしいから徳政を訴えたのである。是非《ぜひ》『尊卑を論ぜず』徳政を承認下されたい」と訴えた（『建内記』）。『建内記』の記主万里小路時房《までのこうじときふさ》は、土一揆は後日の処罰を恐れて債務者全体を巻き添えにしたいのだ、と推測を述べている（同上）。当を得た推測かどうかはともかく、幕府との駆け引きのできる練達の指導者が存在したと考えざるを得ない。九月十二日「一国平均の沙汰」として徳政令が、侍所長官京極持清の署判により、幕府の手で発布された（『東寺執行日記』『建内記』）。

金融業者の反撃

土倉は、徳政令をかさに着た土一揆の圧力に屈し、次々と債務を破棄し始めた。鷹司富小路の土倉、鷹司高倉の土倉、正親町《おおぎまち》烏丸の土倉などが質物を差し出した（『建内記』）。公家層の中にはこの徳政を不当とし、徳政令が出ても、土一揆の一味にはならない、と主張する三条実雅《さねまさ》のような公家もいたが、債務帳消しの魅力はいかんともしがたく、万里小路時房は、実雅の主張に共感しながらも、幕府が徳政令を出す一方で土倉に対しても土倉役を免除したのだから、という理由で徳政の恩恵に与《あずか》っている（同上）。

一方、この徳政令発布は金融業者に大きな反発をもたらした。山門衆徒は、この徳政令に先鞭をつけた近江国の守護大名六角満綱の宿所を、神輿《しんよ》を振って襲撃し、満綱は近江へ逃れた（『東寺執行日記』『建内記』『師郷記』）。また土倉はいっせいに、いわば貸し渋りをするようになった。土倉側が利息をさらに高利とし、三ヵ月で質流れとする、との強硬手段をとるとの噂《うわさ》も流れた。万里小路時房は西南院の宿衣を借りてこれを質草に土倉に借金を依頼したが拒否され、三条実雅から蒔絵の手箱を借りて、これを質草としたものの、これも拒否され、新たな質草を探さざるを得なかった（『建内記』）。最近は米・銭の入手が困難になり「貧士の堪忍、露命をつなぎがたし」というのが時房の感想である（同上）。

京都住民としても土倉なしでは日常生活にも事欠く。正親町の土倉、鷹司高倉の土倉から質物が返却されてきたことに対し、万里小路時房は後日借金を返済することを約束し、密かに新たに書き直した借書を与えている（『建内記』）。また東寺に対して五条坊門猪熊の土倉は、去年、今年の借書は返却する代わりに、先年将軍「御成」のとき用立てた七三貫八五三文については返済してほしい、ともちかけ、東寺側も無利息を条件に返済を承知している（『廿一口供僧方評定引付』）。

これは明らかに徳政令への違反である。このような場合、土一揆からどのような制裁や報復を受けるか分からない。この翌年若狭では土一揆が徳政の掟を定めていたが、その折の出来事である。領主の東寺から宝蔵造営のための奉加借米の徴収をうけていた若狭国太良庄の住民は「何と様なる借物にても候へ、沙汰申すべからず候由、土一揆置定め候の間、沙汰申し始め候はば、この庄の難儀」（『東寺百合文書』ヌ二九三）と、土一揆の制裁を理由に納入免除を嘆願している。京都の場合も状況は同じだったと思われるが、正長元年の奈良の場合にみた、徳政令に従わない住民と同様、京都住民もこうした行動に出たのである。金融業者との関係もまた住民には不可欠であった。

裁定としての徳政令

さらに、いったん土一揆の主張を容認した幕府も、土一揆が「永代沽却《こきやく》地《ち》」「年紀契約」の区別なく質物や担保を取り返そうとしているのを見て、金融業者の反発を懸念するようになり、閏九月初め頃から管領細川持之《もちゆき》ら幕府当局が対策を協議している（『建内記』）。こうして閏九月十日に発布されたのがよく知られた徳政令であった。九ヵ条からなる徳政令は「永領地」すなわち永代買得地については二十ヵ年当知行の有無を基準に徳政の適用・不適用を定め、将軍の安堵を得た土地、売寄進地（半ば買得で半ば寄進の土地）、祠堂銭（法事運営のために運用される金）などには徳政を適用しないこと、本銭返地（代価の返却により売買契約の解消される土地）、年紀沽却地（一定期間を限って売却した土地）、質券地（借金の担保の土地）などは徳政を適用すること、などを内容とするものである（『建内記』『東寺執行日記』）。

内容からも、発令の経過からも窺えるように、土倉、山門など永代買得地を守ろうとする金融業者側の利益を考慮したものであった。と同時にこれは、この後しばしば発令されたことが知られる室町幕府徳政令の原型といってよい内容のものである。ところで、なぜいったん九月十二日に徳政令が発布されながら、閏九月十日になってまた徳政令が出されたのであろうか。従来この徳政令については、一揆の動きが「ひととおり落着いたところで詳細な規定を発表した」（中村吉治『土一揆研究』二〇九ページ）と考えられてきた。たしかに、土一揆の動きに動転した幕府が、とりあえず徳政を容認したうえで、改めて細目を規定したとみられないことはないだろう。しかし、既に徳政が実施されており、金融業者の反発が表面化しつつある、という事態の中で閏九月になって改めて発布されたことを考えると、両者は別々の役割をもったもの、とみることもできるように思われる。

正長元年（一四二八）、奈良で土一揆との和睦・妥協として徳政が実施されたことは既にみた。九月の徳政令はこれによく似た状況の中で発令されている。そのうえ細目の規定もなく、土一揆の「訴訟」を容認する点に主眼があるかに見える。これに対して、閏九月の、細目が規定された徳政令が、徳政の実施をめぐるトラブルが頻発する中で発布されたことは、むしろ徳政実施をめぐる京都住民に対する裁定として行なわれたものであることを暗示するように思われる。後述するように、永正元年（一五〇四）の土一揆蜂起の際にも、二度の徳政令発布がみられるので、この問題は永正元年の土一揆のところで（「自衛する村・町と土一揆」）また考えることにしたい。

この徳政令も山門の抗議により一部変更され（『公名公記』）、「永代沽却地」については徳政を適用しない、ということになった（『建武以来追加』）。この後に発布される幕府の徳政令もこの点は踏襲されている。事実この徳政令が出されて後、永代沽却地に徳政を行なおうとしたものは、幕府や領主の処罰を受けている。十一月になって「永地」すなわち永代沽却地を徳政により取り返そうとした下久世庄の住民与三は、住宅の検封をうけて追放され、東寺の僧侶の使役していた小者の父親は、徳政にかかわったとの理由で境内を追放され、住居は検封を受けている（『廿一口供僧方評定引付』）。翌々年の嘉吉三年には、塔森船渡代官の山本弥次郎なる者が、徳政と号し、永代沽却地を取り返そうとしたとの理由で処刑されている（『公名公記』）。

文安四年の土一揆

諸国徳政の中での蜂起

嘉吉《かきつ》の土一揆蜂起から六年後、京都はまた大規模な土一揆の襲撃をうけた。六月末には、京都近郊の嵯峨で徳政を行なおうとする土民の動きがみられる（『井関文書』）。こうした動きは京都近郊に限らず、畿内、近国にもみられたようで、七月三日に奈良が土一揆に襲撃されたことを日記に記した元興福寺別当の経《きょう》覚《がく》は、既にこの時点で、奈良ばかりでなく近江、河内、山城で土一揆が徳政を強行したとの情報を得ていた（『経覚私要鈔』）。

七月六日に幕府は京都西郊外における土一揆蜂起の動きを察知して、東寺に寺領内での動きを抑えるように指示し（『桑名本東寺百合文書』）、東寺の速やかな対応のためと思われるが、八月、寺領の庄官から徳政に加担しない旨を誓約した起請文が提出されている（『東寺百合文書』ヲ八三・八四）。十六日には土一揆の洛中侵入を防禦すべく、幕府より諸大名に下知が下されている（『建内記』）。十八日に土一揆は東寺を占拠し（同上）、十九日には京都七条油小路より南の東寺付近（七条大宮との証言もある）に侵攻、幕府諸大名の土岐、今川、一色、武田、上杉等が迎撃して撃退した（『建内記』『康富記《やすとみき》』）。

七条大宮地域への侵攻を企てたのは西岡の土一揆であった。これを追撃した土岐氏の軍勢は東寺に侵入し、寺の青侍三名と使用人三名を、土一揆の一味として討取り、使用人三名は六条河原に梟首《きょうしゅ》された。無実であり不運な落命であったという（『東寺執行日記』）。このほか寺内では五名が負傷した。寺内住民は、東寺を占拠する土一揆とともに、討伐軍も警戒しなくてはならなかったのである。

政治抗争と土一揆

二十四日、幕府軍は鳥羽へ進撃し、土一揆を降参させて帰陣した。一方、西岡の土一揆は畠山持国の被官が多く参加しており、あくまでも抵抗の姿勢を示した（『建内記』）。この時期、加賀国守護富樫氏の家督争いをめぐって管領細川勝元と畠山持国とが対立していた。土一揆にもこの対立が反映していたのである。同じ頃奈良でも土一揆が徳政を主張して蜂起したが、この一揆は安位寺（御所市）に居た経覚や衆徒の古市が仕組んだものだとの噂が立った。この当時奈良では大乗院門跡尋尊に近い衆徒の筒井と、経覚に近い古市とが抗争していた。この対立の中で、一方の側の経覚と古市とが土一揆を蜂起させ、相手方に圧力をかけたというのである。噂の真偽はともかく、土一揆が支配層の政治抗争と密接にかかわる性格のものであることは、当時の常識であった。

八月に入っても幕府軍が土一揆討伐のため西岡地域に発向するとの噂がながれ、領地下久世庄からの訴えをうけた東寺は、当番の宮仕四名に下久世庄に駐留するよう命令した（『鎮守八幡宮供僧方評定引付』）。幕府軍もまたどのような掠奪《りやくだつ》、破壊行為を行なうかしれない、という点では土一揆と変わりなかったようである。この駐留命令を拒否した衛門太郎、三郎四郎は宮仕を罷免され、後に詫びをいれて罰金の支払いを条件に赦免されたが、衛門太郎の方は、土一揆が東寺を占拠した際にも社頭の番をさぼったため、倍の罰金を支払うはめになった（同上）。土一揆に備えて東寺は独自の防備体制を維持しなくてはならなかったのである。

九月には上久世庄に徳政張本がいる、との落書《らくしょ》（無記名の密告書）がながれたため、嫌疑を晴らすために東寺は、上久世庄の年寄（村の指導者）を尋問することを決定している

（『鎮守八幡宮供僧方評定引付』）。東寺領において、土一揆の取締りは、後述するように村の自治による自検断によって行なわれたのであった。

初期の土一揆の特徴

これらの土一揆の特徴として、将軍の代替りや飢饉、天災などの機会をとらえて起こっていることがまず指摘される。正長《しょうちょう》、嘉吉《かきつ》はもちろんのこと、文安四年も京都では炎旱《えんかん》により祈雨の神事が行なわれ、三日病が流行《はや》っていた。また伊勢、能登で大風、洪水、炎旱などの被害があったことが知られている。こうした特徴はこの後の時代に蜂起する土一揆にもあてはまるものである。

第二に、特に嘉吉の土一揆に明確にみられるように、「訴訟」を掲げて寺院を占拠するという行動様式があげられる。これは中世の当時、寺院のもつ権威は大きく、幕府といえども簡単に手出しができない、という状況を利用したことは間違いないが、もっと小規模の、個人的な訴えや、自己救済のために寺院への駆込みが行なわれたこととの関連も考慮する必要があるのではないか。その意味で寺院は土一揆による被害をまともに受ける場合もあったにしろ、幕府との関係でも微妙な立場に立たされたことが予想されるのである。

第三に特に嘉吉、文安にみられるように、幕府の有力者など支配層との密接な結びつきが想定される。従来土一揆といえば、村住民の切実な貧困が主要な原因とみられることが多かった。しかし「土民については特段の債務はない。公家、武家の窮迫の様がいたわしいから徳政を起こした」と述べるような指導者に率いられていたことをみると、いちがいに窮迫した民衆の運動とみるわけにはいかない。

第四に債務を負った京都やその近郊の住民にとって、徳政それ自体はたしかに歓迎すべきものだったに違いない。しかしこれら住民にとって土倉《どそう》など金融業者とのかかわりもまた、日常生活遂行のために重要な要素であった。そのかかわりを困難にするという意味では土一揆が行なう徳政の強行が必ずしも歓迎すべき対象だったと即断するわけにはいかない。これら住民の思惑もまた土一揆を考えるうえで重要な問題である。

これらの点に注意しつつ、さらに後の時代の土一揆をみていきたい。

十一　撲来襲の恒常化

頻発する土一揆

十五世紀の五〇年代に入ると京都を襲う土一揆の頻度は格段に高くなってくる。前の章でみた三つの土一揆は、正長《しょうちょう》のそれから嘉吉《かきつ》のそれまでが一三年、さらに文安のそれまでが六年と、さほど頻繁といえるものではない。これに対して享徳《きょうとく》三年（一四五四）に起こった土一揆からは、応仁《おうにん》の乱《らん》に至るまで長禄《ちょうろく》元年（一四五七）、同二年、同三年、寛正《かんしょう》三年（一四六二）、同四年、同六年、そして冒頭に述べた文正元年（一四六六）と、長くて三年、短い時には一年の間隔で土一揆は京都を襲っているのである。

土一揆の、このように頻繁な来襲は、応仁の乱中の一一年に僅か二度しか記録に残っていないという事態とは極めて対照的である。そしてまた応仁の乱終息後の二〇年あまりの間に土一揆はやはり、一年から三年の間隔で一三回にわたって京都を襲っている。そして十六世紀に入ると、土一揆の頻度は急激に低くなり、十六世紀を通じて一〇回ほどしか記録にあとをとどめていない（京都・京都周辺土一揆年表）。

京都・京都周辺土一揆年表

年　　代	土 一 揆 勃 発 年					
1420年代	1428					
1430年代						
1440年代	1441	1447				
1450年代	1454	1457	1458	1459		
1460年代	1462	1463	1465	1466		
1470年代	1472	1473				
1480年代	1480	1482	1484	1485	1486	1487	1488
1490年代	1490	1493	1494	1495	1497	1499	
1500年代	1504	1508					
1510年代	1511						
1520年代	1520	1526					
1530年代	1531	1532	1539				
1540年代	1546						
1550年代							
1560年代	1562						
1570年代	1570						

中村吉治『土一揆研究』校倉書房，1974年より作成．

京都を襲う土一揆の頻度がこのような変遷をたどること自体、土一揆の特質にかかわる重要なてがかりといえよう。たとえば藤木久志氏が指摘されるように、応仁の乱で活躍する足軽など雑兵《ぞうひょう》集団を構成する、飢饉の流民《りゅうみん》たちが、実は土一揆を頻発させているものの正体であると考えることも十分可能であろう。ここでは藤木氏をはじめ先学の研究をてがかりにして、応仁の乱に至る十数年の間に頻発する土一揆をみていきたい。これらの土一揆の中で特にその特徴が顕著に現れているとみられる享徳三年、長禄元年、長禄三年、寛正三年、そして寛正六年の土一揆を、順にみていくことにする。

享徳・長禄の土一揆

土倉の屈服

享徳《きようとく》三年（一四五四）、土一揆が徳政を求めて東福寺に攻め込んだのは九月三日のことだった。その後さらに東寺、西八条寺以下在々所々に陣をとり（『東寺執行日記』）、この後東寺は、例によってしばらく土一揆に占領されることになった（『廿一口供僧方評定引付』）。幕府は東寺に対し、土一揆の張本人や加担者を処罰するので、所領の村々に掠奪《りやくだつ》を行なう者は逮捕して引き渡すこと、これを見逃す者は同罪であり、その在所や名前を注進すべきことを触れるよう命じている（『白河本東寺百合文書』）。文安四年の場合と同じく、幕府の方針は領主を通じて、領内の村による自検断《じけんだん》により土一揆を取り締まることだったと考えられる。この点はさらに長禄《ちようろく》三年（一四五九）の場合にもみることになろう。

八日頃から土一揆は京都を襲い始めた。土倉《どそう》は土一揆の動きに警戒を強めて業務をやめてしまい、公家の中原康富《やすとみ》は預けておいた装束を請出すことができなかった（『康富記』）。十一日、斯波義敏の軍勢が出雲路口に向かい、土一揆を追い払おうとしたが、「雲霞の如き」一揆勢をみて退却してしまい、勝ちに乗じた土一揆は下京辺の土倉から質物を強奪した（『師郷記』）。さらに翌日上京の土倉に攻め寄せ、公然と質物を強奪する（同上）。土倉側は土一揆の勝勢をみて質物を返却し始めた。既に十一日、土倉のほうで明日から質物を出すと、あっさりと承知したので、土一揆は退散したという。近年の土倉は土一揆を防ぐでもなく、抵抗するでもなく大体この調子である、と康富は記している。

この情報を得て清原業忠や大宮長興のように早速土倉に使者を送ったり、質物の返還をうけた公家もいたし、質物が戻ってきたのを祝って赤飯を炊いた公家もいた（『康富記』）。中原康富のところにも土倉に預けておいた質物が戻ってきた（同上）。

十三日の晩には土一揆が相国寺に討入り、祠堂銭や借物を破壊したとの噂もながれたが、十六日には、土一揆は既に京都下鴨の糺河原《ただす》を引き払い、村へ退散したとの情報も流れた（同上）。この後土一揆の動きは不明であるが、恐らく治まったものと考えられる。この年は春に都で盗賊が横行し、七貫、五貫という大金を入会金としてその仲間に入るものが多いと噂されるほどだったし、夏には大雨の被害があり、また土一揆蜂起の直前には畠山義富と畠山義就《よしひろ》との家督争いで両方の館に軍勢が集結するなど緊迫した状況もみられた。恐らくこうした諸要素が土一揆の蜂起に結びついたと想像される。

分一徳政令

幕府は九月二十九日、土一揆が土倉を攻め立てて強要した徳政については不問に付すものの、借銭・預状・合力銭《ごうりよくせん》（頼母子《たのもし》の懸銭《かけせん》）・請取や永代売買地・年期売地・本物返売の地などについては徳政の実施を堅く禁止することを宣言した（『東寺執行日記』）。

しかし現実には、土倉が土一揆に屈したために債務を免れた者と、依然債務を負ったままの者との不公平感は甚だしかったのだろう、幕府に訴訟を企てて債務を破棄する奉書をもらおうとする者が現れた。将軍の近習《きんじゆう》らは「一揆の訴訟」によって徳政を請願し、諸家からも徳政を請願する者が現れた（『康富記』）。こうした状況をみて幕府も徳政令を発令することに決定した。

十月二十九日付で幕府は先に行なった徳政禁令を停止し、永代売買地以外の年期売地や本物返売の地などに徳政を実施することとし、幕府に借銭額の十分の一、すなわち分一銭《ぶいちせん》を納付することを条件に債務破棄を認めることとした（『東寺執行日記』）。いわゆる分一徳《ぶいちとく》政令《せいれい》である。幕府が徳政令を出せば、被害をうける土倉の反発は必至である。彼らは土倉役の納入を拒否することは間違いない。幕府収入におけるその欠損を補うべく、債務者からの分一銭を徴収しようとしたものとされている。こうして、ともかくも土一揆がもたらした、徳政への願望に応えようとしたのであろう。

しかし、土一揆蜂起の直接の結果として幕府が徳政令を発布した、とはいえないことも注意する必要があろう。土一揆が直接にもたらしたのは、武力に屈した個々の土倉の債務破棄承諾、つまりは降参であり、当初幕府はこれ以外に徳政実施が拡大することを阻止しようとした。土倉の方も、先にみた中原康富の証言のように、土一揆の掠奪に曝《さら》される前に、債務破棄宣言によって被害を回避しようとしたことが窺《うかが》える。土倉は幕府軍と土一揆とのどちらが勝勢となるかを見計らって、被害の少ないほうを選んだと考えられる。

その意味では正長の土一揆の際になされた、都市奈良の対応と似たり寄ったりのもののように思われる。こうした土倉の対応をうけて、債務を免れた者とそうでない者との格差を解消するために出されたのが分一徳政令だったことを考えれば、必ずしも幕府収入の側面からのみ考えることはできないだろう。むしろ徳政実施をめぐるトラブルの解決、という側面からの視点もありうるように思われる。

正長元年（一四二八）の奈良における徳政令では借銭の三分の一を納入することを条件として債務を破棄していたこと、嘉吉元年（一四四一）八月に、近江国北津田・奥島で行なわれた在地徳政では借銭の十一分の一を納入することを条件として債務を破棄したことが想起される。次の長禄元年（一四五七）の土一揆のところでも触れるように、こうした債務者の分一納入は、徳政実施にあたっての慣習だったと考えられる。

もちろんこれらの場合は債権者への納付であり、幕府の分一徳政令は債権者ではなく幕府への納入である点は異なっており、直ちに同列には論じられない。しかし徳政による債務破棄を実施するにあたって、恩恵を受ける債務者側も一定の出費を求められるという、中世によくみられた相殺の観念が通底しているとみることはできるのではあるまいか。

土一揆と戦う土倉

康正《こうしょう》三年（一四五七）は日照りの年であり、疫病が流行《はや》り、大風の被害があった。そして長禄元年と改元された直後の十月上旬、徳政実施を理由に土一揆が京都を襲った。十一日に土一揆は法性寺《ほっしょうじ》に乱入し、質物を強奪している（『経覚私要鈔』）。幕府は土一揆を討伐するために土倉に命令し、軍勢を因幡堂《いなばどう》に集め、そのため因幡堂では終夜早鐘が撞《つ》かれた（同上）。さらに幕府の政所執事《まんどころしつじ》である伊勢

図2　土倉（『春日権現験記絵』巻14〈模本〉，東京国立博物館所蔵）

貞親《さだちか》の家来たちが加わって、土倉方の軍勢は土一揆の陣取る法性寺に進軍し、七、八人の一揆勢を討取り、二人を捕縛したが、そのうちには稲荷社の社司もいた（同上）。

十五日には管領《かんれい》の細川勝元の命令で宇治川の橋が引き上げられ、南山城に居る細川氏の被官木津・田辺らの国人が宇治平等院の衆徒と協力し、土一揆を防禦することになった（『経覚私要鈔』）。この時、山城国の守護畠山義《よし》就《ひろ》は鎮圧のために何もせず面目を失って細川勝元に守護の地位を明け渡すことになろうと取沙汰されている（同上）。このように土一揆への対応に関して、幕府の有力大名の足並みが揃わないことはよくみられるが、土一揆の複雑な性格を暗示している。

それにしても宇治橋を防禦線にするのだから、京都からかなり離れたところからの土一揆来襲が考慮されていたのだろう。京都近郊の郷民蜂起、という一般的な土一揆像とは少々異なる実態が窺《うかが》える。事実十月下旬には、宇治に土一揆が襲来し、在家などが焼失したことが京都に伝えられ（『経覚私要鈔』）、十月末には奥山城から土一揆が京都郊外の木幡山《こはたやま》（京都市伏見区）に集り、七、八百人が法性寺を攻め、三十三間堂のあたりに陣取ったという（同上）から、このような遠方からの土一揆来襲を警戒するというのは、決して杞憂《きゆう》とはいえなかったのである。

土一揆は例によって東寺を占領する。対して因幡堂に陣取った土倉勢との間で、二十五日には五条辺で武力衝突があり、優勢になった土倉勢は七条辺まで土一揆勢を追い散らし、追い散らされた土一揆が七条堀川辺を放火したため、家が二、三軒焼失した（『経覚私要鈔』）。土一揆側は東寺へ立て籠もった。

翌二十六日の合戦では、今度は土倉方が敗勢となり、五、六人が討たれた（『経覚私要鈔』）。大宮大路を北上する土一揆勢と戦って土倉方が敗勢となったため、勝ちに乗じた土一揆はさらに北まで攻め込んだ。この土一揆は西岡の者だったという（同上）。

田舎者は只取り

二十七日に細川、山名、一色らの軍勢と土倉勢とが土一揆を討伐に向かったが敗北し、土倉勢の大将で梅墻という者や、細川氏の家来安富二郎左衛門以下一一人をはじめとして多くの者が討死した（同上）。勝ち誇った土一揆は、四条から七条にかけて放火してまわり、さらに幕府の軍勢と戦って二人を討取った（同上）。

ふがいない幕府軍の敗北に安位寺経覚《きょうがく》は「武家のていたらくなきが如きか」と罵《ののし》り（『経覚私要鈔』）、京都には「冬の夜を寝覚めて聞けば御徳政、払ひもあへず逃ぐる大名」との落書《らくしょ》が書かれたという（『山科家礼記《やましなけらいき》』）。この敗北後、幕府軍の目立った動きはみられない。京都の町も幕府方敗北の翌日から早鐘や鬨《とき》の声も聞かれなくなり、「殊《こと》の外《ほか》」静まってしまった（『経覚私要鈔』）。

そして十一月一日から京都の土倉は質物の返還や債務の破棄に応じ始めた（『経覚私要鈔』『山科家礼記』）。京都に滞在していた経覚自身、土倉から質草の硯《すずり》や文台《ふだい》を取り戻しており、「土一揆の順類たるか、一興々々」（土一揆の同類となったとは何とも面白い）とは経覚の感想である（『経覚私要鈔』）。幕府方ないし土倉方の敗北が一般的に認識された時点で徳政が始まり、土倉もまた債務破棄に応じる、というのがこの時代の一般的な徳政のあり方だったのではないだろうか。ここにも徳政実施が和睦《わぼく》・譲歩としての性格をもっていたことが窺える。

ここで注目すべきは徳政の恩恵に与《あずか》った側の対応である。土倉が債務破棄に応じたため、多くの債務者が土倉と交渉して債務を解消したが、その際、京都住民や竹田・九条などその近郊の住民たちは債務額の十分の一を支払ったのに対し、「田舎者」は只取《ただど》りしたという（『経覚私要鈔』）。債務額の何分の一かを支払って債務を解消することは既にみたように当時の慣習であり、京都やその近郊の者はこれに従ったのだろう。今後とも付き合いの続く土倉に対してはルールに従った対応を選んだと考えられる。

これに対してこのような付き合いのない「田舎者」は一銭も払わず債務を解消した。言い換えれば土倉に債務をもっていないような者が徳政の恩恵に与っていたことが知られる。「奥山城」から土一揆が攻め込む状況を考えると、徳政を呼号した者たちには、債権債務関係のない者が少なくなかったと考えられる。土一揆が単に債務により窮乏した者の一揆とのみみることができないことは、この点からも窺える。京都やその近郊にいて債務を負った者の対応はもっと慎重であった。

山科七郷と土一揆

京都の東側の郊外にある山科郷（京都市山科区）には、「山科七郷」と総称される、野村・大宅《おおや》・西山・北花山・御陵・安祥寺・音羽などの村々があった。領主は山科家、醍醐寺三宝院、聖護院、青蓮院などさまざまであるが、長禄元年の土一揆に際しての山科家領大宅郷の動きは注目すべきものである。土一揆が京都に陣取り、土倉方の軍勢と激しい戦いをくり広げていた頃、領主の山科家では山科へ使者を下し、徳政を禁止することを触れている（『山科家礼記』）。事実山科郷では土一揆に加担するような村民の動きはみられない。

ところが十一月一日になって、京都で土倉が債務の破棄に応じ、人々が質物を奪還するようになった時点で、大宅郷の方では山科家に注進した。山科七郷では、徳政に応じることに衆議一決したが、これに加わるべきかどうかを領主の山科家に問い合わせてきたのである。山科家には「今まで堪忍の儀」を回答したという。この翌日山科七郷は徳政を実行するために東山から京都へ入った。山科家の回答が、徳政の動きに参加することへのゴー・サインだったことが知られる。

特に目を引くのは、大宅郷で近隣七郷の動きに加わるべきか否かを山科家にわざわざ問い合わせていることであろう。領主と村との関係が、通常指摘される以上に緊密であったことを窺わせるとともに、村が土一揆に対応する際、極めて慎重であったことが知られるからである。土倉・幕府軍の敗北により徳政が実現する以前には、土一揆のほうが敗北して幕府の討伐をうける可能性もあるのだから、慎重な対応は当然としても、土一揆の行なう徳政に加担すること自体、きわめて危険なことだったのであろう。

自立の村

後にみるように、土一揆の強要に応じて陣夫《じんぷ》を差し出さざるを得なくなった時に、後に幕府から譴責《けんせき》を受けた場合は領主自身が詫言《わびごと》するという、領主との申し合わせをふまえて土一揆の強要に応じた村もあった（後出「自衛する村・町と土一揆」参照）。村にとっては土一揆のもたらす徳政状況よりも、領主の政治力による村の危機管理の方が大事であったのだろう。土一揆の呼号する徳政にやすやすと応じるような、甘い展望をもつ村は、決して多くなかったと思われる。

後年の文明十二年（一四八〇）にやはり京都で土一揆が蜂起したときも同様である。八月末に幕府から土一揆の蜂起を伝え、これへの同意を禁ずる命令が山科家と山科七郷の沙汰人に通達された（『山科家礼記』）段階では村には一揆に与《くみ》する動きはみられない。ところが九月十六日になって土倉から質物が奪取されるようになり、実際、警固で上京していた住民の一人が借銭額の十分の一を支払ったうえで質物を奪還したことが知られるようになると山科七郷でも土一揆が結成され、京都に出向いて徳政を実行したのである（同上）。この点は後に文明十二年（一四八〇）の土一揆のところ（「自衛する村・町と土一揆」）で触れたいが、村は徳政の実施が確実なものになるまで決して土一揆に味方しようとはしなかった。

いったん徳政となれば、今度は土一揆の制裁を恐れて徳政に従うことになるのは、嘉吉の土一揆が波及した若狭国太良庄《たらのしょう》の荘園住民の動きにみられるとおりである。村にとってみれば、自分の村を守るものとしては、結局のところ自力の自衛以外ない以上、土一揆にも幕府にも極めて醒《さ》めた見方をしていたものと考えられる。

起請による土一揆糺明

長禄三年（一四五九）九月、この年は夏から京都、大和などの各地で日照りの被害が相次ぎ、さらに九月になると大風、洪水などの被害があった。そのせいか京都周辺では九月下旬には近日中に徳政を呼号する土一揆が蜂起するらしいとの噂が流れ、このため十九日、東寺では土一揆に対して警戒態勢をとり、危急の場合には談合することが申し合わされた（『廿一口供僧方評定引付』）。二十一日には郡代から徳政の張本人に関して久世、植松など寺領に触れるよう指示がなされ、幕府侍所の所司代からは、徳政に備え、西院ならびに不動堂の鎮守で千巻の読経を行なうよう指示がなされている（同上）。さらに二十五日、幕府は、東寺領内に土一揆に加担したりする者がいるとの噂があるので、東寺の力で実態を糺明《きゅうめい》すべきことを命じ、もし糺明を怠ったために東寺領内から土一揆の一味が摘発された場合には東寺の知行を没収することを通告した（『廿一口供僧方評定引付』『鎮守八幡宮供僧評定引付』）。

東寺ではまず久世・植松・上野各荘園の名主・沙汰人を呼びつけて糺明を行なうことを通達した（『廿一口供僧方評定引付』）。さらに翌二十六日、上久世庄、下久世庄の沙汰人ら一一人を召し、終日協議した結果、沙汰人らがさっそく庄内で糺明を行なったうえで東寺に対し結果を注進するという手筈を申し合わせ、沙汰人らは村に帰った（『鎮守八幡宮供僧評定引付』）。翌日沙汰人らは荘園の老若を悉《ことごと》く集め、糺明したところ土一揆の張本人はもちろん味方する者も知らないとのことだったので、起請文《きしょうもん》を書き、三日の間精進潔斎《しょうじんけっさい》して起請の内容を証明するつもりであると、首尾を東寺に報告した（同上）。

起請文とは自分の証言・約束などが虚偽でないことを、神仏に誓約する文書である。そしてこの時代の通例では起請文を書いたうえに、自ら神殿などに一定期間参籠《さんろう》し、その間に「失」と呼ばれる体調の変調（鼻血が出るなど）が出るか否かを試され、誓約内容が真実であることを証明しなくてはならなかった。仮になんら虚偽の陳述をしなくても、もし参籠の間に「失」が現れればそれだけで偽証罪に問われ、一切の言い訳はきかないことになる。それだけに容易ならぬ試練であり、殊《こと》に神仏への信仰の篤《あつ》かった当時の人々にとっては恐ろしい試練であった。上久世・下久世の荘園住民は土一揆と無関係であることを証明するためにその恐ろしい試練を課されたのである。

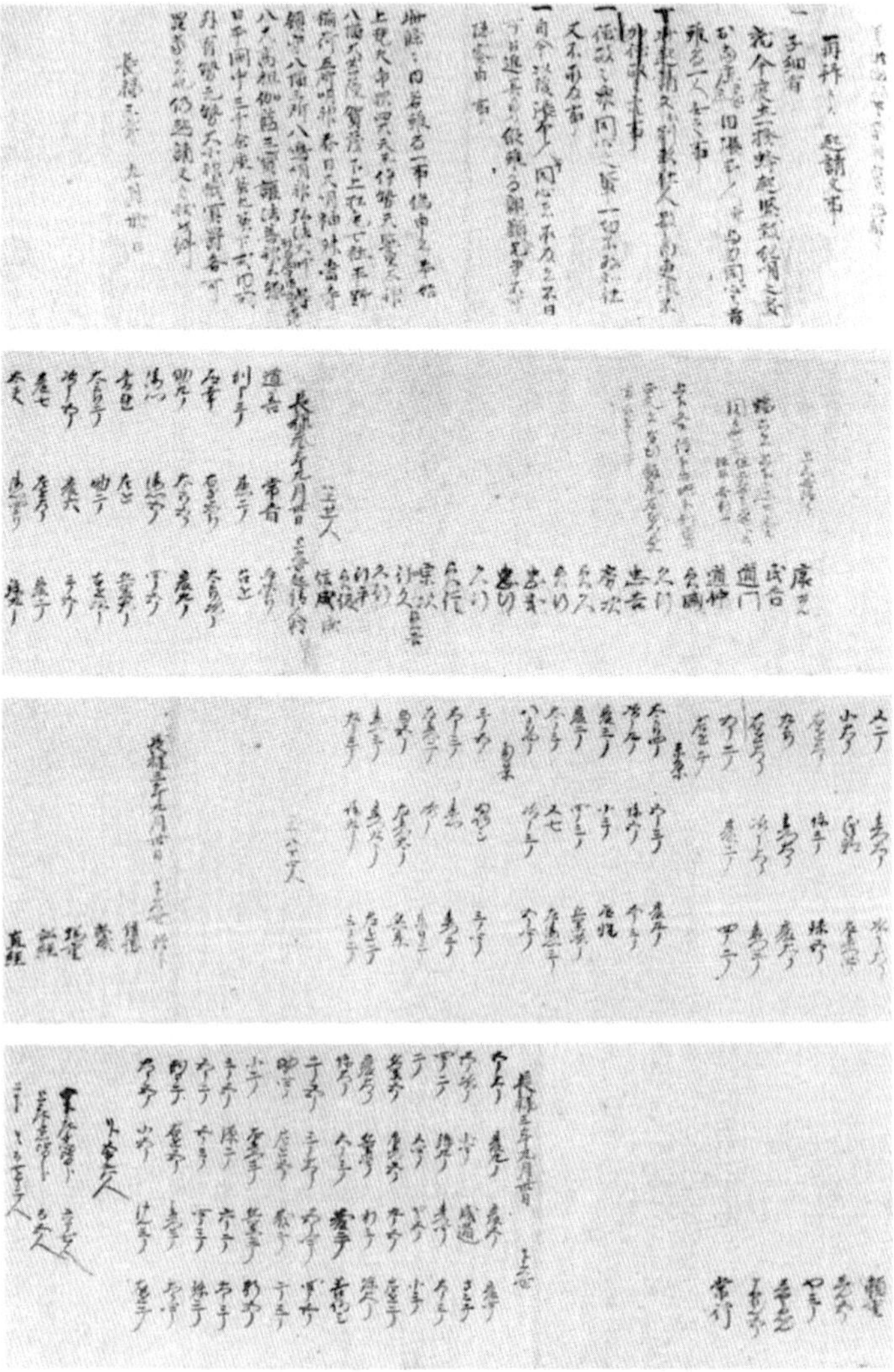

図3　上久世庄民の起請文写（『東寺百合文書』を函，京都府所蔵，京都府立総合資料館提供）

村による土一揆取締り

上久世庄と下久世庄では「侍」身分の住民も「百姓」身分（平民身分）の住民も十五歳以上は皆この糺明を受け、作成された起請文は幕府奉行の飯尾之種に提出された（『鎮守八幡宮供僧評定引付』）。上久世庄、下久世庄の住民の書いた起請文の写しが現在に伝わっている（『東寺百合文書』を三〇三）。この起請文は上久世庄の侍分二一名、「百姓」分八五名、下久世庄の侍分一一名、「百姓」分五六名により作成され、以下の三ヵ条が誓約されている。第一に当庄住民については土一揆蜂起の張本人も味方する者も誰一人居ないこと、第二に徳政を行なったりこれに味方するようなものはまったく知らないし、噂を聞いたこともないこと、そして第三にもし今後張本人や味方する者について聞いたならば、即座に逮捕して幕府に突き出すこと、それが親類や兄弟であっても見逃したりしないこと、である。

前章の文安の土一揆のところで触れたように、幕府が土一揆取締りのために用いた常《じょう》套《とう》手段は、村の自治による自検断《じけんだん》を利用することだったと思われる。領主に命じて沙汰人ら領内の村々のリーダーに触れを出し、各村住民の自治により土一揆の張本人や加担者を摘発させるのが通例だったと考えられる。このような事実をふまえると、通説にいわれるように、土一揆が村のリーダーの手で村ぐるみ住民が組織された一揆である、とみることはできないだろう。こう考えた場合には幕府がなぜ村の自検断を利用して土一揆を取り締まろうとしたのか、説明がつかなくなるからである。幕府もまさか、土一揆の張本人たちに一揆分子の取締りをさせるような、馬鹿げたことはしないだろう。

そのうえ先に山科大宅郷についてみたように、荘園住民は従来考えられてきた以上に荘園領主との関係を大事にしていたように思われる。村の危機管理について、とりあえず頼りにしなくてはならないのは荘園領主のほかには見当たらないだろう。村同士の境相論などの争いにも領主の力は必要だった。著名な近江国菅浦と大浦との相論においても両者ともに領主の日野家を頼った事実はあまりにも有名である。その荘園領主は東寺や山科家のように幕府と密接なコンタクトをもち、土一揆蜂起に際しては当然にも徳政実施を禁圧する立場に立つだろう。その領主との関係が重要であれば、領主が徳政を行なう張本人にでもならない限り、村ぐるみの徳政行動はなかなか難しいのではなかろうか。

さらに長禄元年の土一揆でもみられたとおり、京都周辺の村々にとって、京都の土倉との関係もかなり大事なものだったように思われる。土倉が債務破棄に応じた場合にも、京都住民や近郊の竹田・九条の住民は、「田舎者」のように只取りせず、債務額の十分の一を支払ったうえで債務を解消していることをみれば、土倉との決定的な対立を生むような土一揆蜂起はそう簡単に実現できるものではないように思われる。

土一揆の取締りに村の自検断が利用されていることに加えて、領主との関係、土倉との関係をみていくと、土一揆の結束、蜂起を考えるには、村という自治団体の結束や、村の恒常的な債務を中心に据えることは適当とは思われない。村の日常性を離れた契機が土一揆の蜂起には必要なのではないか。以下こうした点に注意を払いながら、さらに土一揆をみていくことにしよう。

十一月に土一揆の蜂起がみられた。しかし土一揆は七日に東寺を占領したものの、その日の晩には早くも退散した、との注進が東寺から管領になされた（『廿一口供僧方評定引付』）。幕府軍の対応も早く、一揆の張本人は討伐され、その住宅は破却、焼却され一揆は鎮圧されたようである（『碧山日録《へきざんにちろく》』）。

寛正期の土一揆

寛正の飢饉

長禄四年（一四六〇）から翌寛正《かんしょう》二年にかけて、日本の各地は大きな飢饉の被害に襲われた。六月には中国地方で「人民相食《は》む」といわれる大飢饉が起こり、京都や大和では長雨が続き、ついで八月、大風・洪水に襲われた。同じ頃越中、越前、讃岐の諸国でも大風の被害があり、閏九月頃には来るべき冬、春、夏の大飢饉を憂える声が聞かれた（『碧山日録《へきざんにちろく》』）。果たせるかな十二月には、諸国から飢えた人々が京都に集中して餓死する、という惨状がみられるようになる。この飢饉のために十二月二十一日に改元が行なわれ、寛正元年となった。能登、加賀、紀伊の諸国にも疫病や飢饉の死者がみられた。著名な寛正の飢饉の始まりである。

この時代には災害や飢饉などに際して、在所で食べていくことのできなくなった住民が家や村を捨て、活路を求めて京都に流入することは普通に行なわれた。そのため京都は流《りゅう》民《みん》で充満する。寛正二年正月の京都は「世上非人乞食多し」といわれた（『蔭涼軒日録《いんりょうけんにちろく》』）。そしてこうした流民のために、幕府は勧進聖《かんじんひじり》に命じて粥《かゆ》の炊き出しなど、大規模な施行《せぎょう》を行なうのが通例だった。

この寛正の飢饉の時にも、将軍足利義政は、願阿弥《がんあみ》という僧侶の申請をうけて施行を行なわせている（『蔭涼軒日録』）。しかし餓死者の数は増えるばかりであった。二月末に京都の北に住む僧侶が八万四〇〇〇本の卒塔婆《そとば》をつくり、京都を埋める屍骸《しがい》の一つ一つに置いて供養を行なったところ二〇〇〇本が余ったという（『碧山日録』）。少なくとも八万二〇〇〇人の死者が計上されたことになる。飢えて行き場のない流民が諸国から富の集中する京都に充満していれば、どのようなことになっていくか、想像するのはたやすい。

土一揆蜂起

寛正三年（一四六二）九月上旬に土一揆が蜂起したことが知られる。幕府は万寿寺の注進をうけてその警固を行なう一方、土一揆の来襲をうけた七条の禅仏寺にも警固の軍勢を派遣した（『蔭涼軒日録』）。土一揆は土倉以外の民家にも乱入し、掠奪した後に家に放火したため、錦小路以南、綾小路以北、東洞院通りから町通りにかけて三十余町にわたり焼失したという（『大乗院寺社雑事記』）。幕府が諸大名に土一揆蜂起の鎮圧を命じたところ大名の被官たちが、土一揆に味方すると称して、所々に乱入した（同上）。土一揆勢と大名の被官たちとは明白につながっていたのである。

また、幕府は京都周辺の村に土一揆禁圧を通達したのだろう、東寺にも土一揆に加担した者は処断するよう、寺内や寺領に触れるよう幕府の命令が通達されている（『廿一口供僧方評定引付』）。これをうけて東寺では寺領の上久世庄、下久世庄、上野庄、植松庄などにさっそくこの旨を触れることを決定している（同上）。いったんは京都を襲った土一揆も九月下旬には幕府軍によって鎮圧された（『蔭凉軒日録』）。

十月下旬になって土一揆は再蜂起する。七条禅仏寺の注進をうけた幕府は、直ちに諸大名に討伐を命じた（『蔭凉軒日録』）。京都に侵入しようとする土一揆と侵入を食い止めようとする細川、山名、一色、土岐、京極、赤松ら諸大名の部隊からなる幕府軍との間で合戦が繰り返された（『碧山日録』）。土一揆は京都周辺で掠奪、放火を行なうものの、京都には入れず（同上）、七口と呼ばれる、京都に入る主な道路を封鎖したため（『大乗院寺社雑事記』『碧山日録』）、商いは停止し、京都は米不足になった（『碧山日録』）。この間宇治からの土一揆が木幡の御堂を襲って放火する一幕もあり（同上）、土一揆がかなり遠くからも出撃していたことが窺える。

幕府軍と対峙するうちに土一揆の勢力はしだいに衰え、とうとう十月末に土一揆の大将蓮田は、それまで占領していた東寺を捨てて逃亡した（『碧山日録』）。蓮田は淀から船に乗って紀伊南部へと逃亡したが捕えられ、六条河原で梟首《きゆうしゆ》されたとも（同上）、淀で誅罰《ちゆうばつ》され、四塚で梟首された（『蔭凉軒日録』）ともいう。蓮田は「牢人の地下《じげ》人」すなわち村に住む主人をもたない侍だったとされる（『長禄寛正記』）。土一揆が村民の指導者よりも、牢人などにより組織されることの多かったことを窺わせる。

散在する一揆参加者

土一揆が敗退した後、加担者への処罰が行なわれた。二日には丹波国須《しゆう》智《ち》村から土一揆が出撃したことが幕府に報告され、領主雲沢軒の手で厳罰に処するべしとの将軍の命令が出されている（『蔭凉軒日録』）。宇治でも蜂起がみられたように、土一揆が京都近郊のみならず、相当の遠方からの参加がみられたことが知られる。三日には東福寺門前住民の土一揆加担者が斬首《ざんしゆ》され、その首は幕府に進上され、また逃亡した一揆分子六、七人を処罰するため、当時のやり方にしたがってその家が焼却された（『碧山日録』）。伏見庄や竹田村でも一揆の一味が斬首され、その首が幕府に進上された（同上）。四日東福寺領宇賀辻子で行なわれた一揆の一味の処罰を記した報告書が提出され、首二つが進上され、住宅焼却の処分などが報告されている（『蔭凉軒日録』）。七日には南禅寺門前で一揆加担者が二人逮捕され、十日に幕府に引き渡されている（同上）。

この土一揆についていえば、その参加者は各在所からそれぞれ何人かずつ大将蓮田のもとに集っていることが窺え、必ずしも村や在所ぐるみの組織に動員されたのではないと考えられる。いわば個人参加によって土一揆が結成されたとみることができよう。長禄の土一揆のところでも述べたように、村の結合が土一揆の結束力となっているわけではないことがここでも知られる。

二十日には法苑寺の紹久西堂が徳政を行なったことにより寺院から追放され、幕府に訴えられ、京都から追放された（『蔭凉軒日録』）。平民ではない階層の僧侶もまた土一揆にかかわっていたことが予測される。東寺では土一揆に占領されたこともあり、寺領の上久世庄、下久世庄で糺明《きゆうめい》がなされ、起請を行なったうえで、土一揆の張本人がいないことが地下から報告されている（『鎮守八幡宮供僧評定引付』）。

武家被官と土一揆

寛正四年（一四六三）九月にも土一揆蜂起の動きがあったことが知られる。二十三日頃から徳政が行なわれるとの噂があった（『大乗院寺社雑事記』)。徳政の動きのたびに土一揆の占領に悩まされる東寺では、夜回りを行なうことを決定し、さらに二十九日には強盗が討ち入るとの噂に、堀を掘り、門扉に筋交いを打っている(『廿一口供僧方評定引付』)。その前日には、幕府が土一揆の蜂起を警戒し、諸大名・将軍近習・奉公衆らに命じて被官人が土一揆に加わって蜂起しないよう通達している(『蔭凉軒日録』)。やはり土一揆と大名被官、武家被官とは密接な関連をもっていたことが知られる。

二年後の寛正六年(一四六五)十月末、西岡で土一揆が蜂起した。この時も幕府はどのような幕臣の被官人であろうとも、土一揆に味方した者は所領を没収することを通達している(『親元日記』)。この通達をうけた政所執事伊勢貞親の家では十一月一日、西岡にいる革島、石井、鶏冠井《かいで》、馬場、神谷(神足《こうたり》)ら伊勢氏の被官らに、幕府の命令を通達し、万一加担者が発覚した場合には即刻注進するよう命じている(同上)。十一日革島らからは土一揆蜂起の動きがあり、幕府による「一段の御成敗」がなくては収まらないとの注進がなされており(同上)、これをうけて伊勢氏家老の蜷川親元《にながわちかもと》らは、土一揆の鎮まるまで革島らに在京することを命じている(同上)。

幕臣の被官たちの間で土一揆蜂起を促すような状況のあったことが窺える。本書冒頭に述べた、土一揆における武家被官の大きな役割は、決して文正元年の土一揆にのみ特殊なものではなかったのである。応仁の乱前の十数年ほどの間に頻発している土一揆をみると、むしろ一揆の主導者は彼ら武家被官ではないかとさえ考えられる。事実、応仁の乱以後にも、やはり二、三年に一度の割合で京都を襲った土一揆の中には、後に述べるように武家被官の土一揆大将も登場している（「自衛する村・町と土一揆」）。

訴訟する土一揆

だが、これらの土一揆は、一方で明白に幕府に対する異議申し立てを旗印にしてもいたと考えられる。十一月十日、東寺はまた土一揆に占領された（『廿一口供僧方評定引付』『東寺執行日記』『蔭凉軒日録』）。二日頃から徳政の噂があり、東寺ではさっそく幕府に注進し、幕府からは将軍直々《じきじき》に侍所と山城国守護に厳重な警戒・鎮圧を命じる、との幕府側の回答を得ていたばかりであった（『廿一口供僧方評定引付』）。

占領した土一揆は東寺に対して次のように通告した。「我々は幕府への訴訟のために東寺を占領した。万一幕府の鎮圧軍が押寄せ、釘貫《くぎぬき》を開くよう御命令があったとしても決して開いてはならず、当方に注進されたい。もしそのようにしてもらえないなら、貴寺の堂舎に放火するであろう。その代り我々は境内で決して掠奪や破壊などの狼藉《ろうぜき》を行なうことはない。もし一揆衆の中にそのような者がいた場合には、貴寺からの御注進次第、必ず成敗を行なう。決して無道を致すことはない」と（『廿一口供僧方評定引付』）。さらに翌十一日「我々が貴寺に閉籠《へいろう》していることを急いで公方様へ注進されたい。公方様から（徳政の）『御法』の札を打たれることを要求する。公方様の御返事如何《いかん》によって我々は貴寺から退散する」と通告した（同上）。

土一揆はさらに兵粮《ひょうろう》を要求したが、これに手をつけることなく十一日のうちに東寺から退散した（『廿一口供僧方評定引付』）。土一揆は木戸を破壊し、さらに商人の馬を二匹掠奪し、その馬を放置したまま退去した（同上）。ところがこの馬は、土一揆の退去後に進駐してきた守護山名氏の軍勢の中にいた山名氏被官の山本という者が奪い去った（同上）。まもなく守護勢を統率していた名倉という武士がこのことを知り、部下による掠奪を厳重に取り締まることを約束してきた（同上）が、守護被官と土一揆とともに掠奪という行動様式が酷似していることを感じざるを得ない。土一揆と守護勢は同じような社会的立場の者たちを組織していたのかも知れない。

それはともあれ、土一揆が幕府への「訴訟」を旗印に東寺を占領したことは注目される。武力行使を行ないながら訴訟を名目としていることが土一揆の重要な特徴であることが窺えるからである。訴訟だからこそ土一揆は寺院に閉籠した。先にみた嘉吉の土一揆の際に、東寺を占領した土一揆が徳政を公方様に訴訟し、それが容れられなければ東寺を焼払うと宣言したことが思い出される。行動の実態はともあれ、行動の旗印は「訴訟」であった。東寺占領という実力行使も、「訴訟」を旗印にしての非常手段であり、無法な行動ではないというのが土一揆の論理であった。

同じく嘉吉の土一揆の際に、一揆側が「私たちには大した債務はない。公家、武家の人々が債務に苦しめられているのが痛わしいから徳政を訴えた」と述べたことも思い出される。この時の土一揆側の本音は、あるいは万里小路時房《までのこうじときふさ》のいうように、後日の処罰を恐れてのものだったかも知れない。しかし一方、土一揆が徳政の訴訟を旗印にして行動していたことも明快に知られる。土倉への攻撃、借用証文の破棄、質草の掠奪、放火という明白な暴力行為を行ないながら、その旗印は「公方」への「訴訟」であった。

実力行使の特質

訴訟を旗印としての武力行使、という論理は現代人には理解しがたいものであろう。そもそも訴訟と武力行使とは別もの、というのが現代の常識だからである。武力行使を否定、ないし回避することを意図するからこそ公権力へ訴訟する、というのがごく常識的な論理といえよう。土一揆のふりかざした論理が、現代の常識とはまったく別物であることは明白である。幕府軍と公然と合戦しているにもかかわらず、土一揆の主張が「公方」への「訴訟」である、という点にその特異な論理をみることができよう。

実のところ土一揆と戦って幕府軍が敗れる、という事態もさほど珍しくはない。今までみてきた中でも享徳三年の土一揆、長禄元年の土一揆などの場合がそうであった。幕府軍が土一揆の破壊、掠奪を防ぎ得ない、ということに限っていえば、常に見られることといってても過言ではない。しかし幕府軍を打ち破った土一揆が、さらに攻撃の鉾先《ほこさき》を幕府に向ける、ということはまず見られない。

長禄元年の土一揆の際には、先にみたように幕府軍は土一揆に敗れると、そのまま攻撃をやめてしまい、土倉も債務破棄を承諾する。一方、土一揆も武力行使を行なった形跡はみえない。まるで暗黙のルールでもあるかのように、総《すべ》てが穏便に行なわれたのである。幕府軍に公然と刃を向けながら、土一揆の目的が限定されたものであったことが予想されよう。

現代のわれわれは、幕府という公権力の軍隊に、武力行使によって公然と立ち向かう行動を「反権力的行動」とみる。そこには明示的ではないにしろ、幕府の権威を否定する意識が当然のことながら存在する、と考えがちである。しかし「公方様」への訴訟と号して公然と幕府軍と戦う土一揆をこうした論理によって考えることは明らかに不適切であろう。土一揆にとって幕府の鎮圧軍を打破することと、幕府を打倒することとは明らかに別ものであった。むしろ、訴訟を旗印としたことから考えれば、土一揆にとって幕府の権威は、自らの暴力的行動をも合理化するための不可欠の前提であったとさえいえよう。

こうした論理と行動とは、たとえば徳政令が土一揆との和睦《わぼく》ないし譲歩の要件として発布されることがある、という点にもみることができる。嘉吉の徳政令は、先にみたように、ひとまず土一揆の要求を容認するために出された。その後土倉側の訴訟により、さらに山門の訴訟によって徳政適用の細目を定めた徳政令が改めて発令されたものの、まず土一揆の訴訟に対する回答として徳政令が出されたのである。幕府以外についても同様に考えられる。たとえば正長の土一揆の際には、これも前述したように、奈良で興福寺と土一揆との和睦のために徳政が行なわれた。

「訴訟」をふりかざした土一揆の行動は、恐らく多くの土一揆に共通するものと思われる。土一揆をこうしたものとみる観念は、後述するように十七世紀前期までみることができる（「百姓一揆の時代へ」）。

十一日に東寺を退去した土一揆も十五日頃には京都を退散する（『蔭凉軒日録』）。ところが二十二日になって土一揆は再蜂起し（『廿一口供僧方評定引付』『東寺執行日記』）、また東寺を占領した（『廿一口供僧方評定引付』『蔭凉軒日録』）。

東寺・近隣住民の対処

東寺に乱入した土一揆は鎮守預の宮仕《みやじ》を追い出し、四方の門を閉めて寺家の者を追い出し、一〇〇〇人分の兵粮と五貫文の銭を出すよう要求し、東寺側では二貫文の銭と二〇人分、三〇人分ずつ兵粮を何度かにわけて出した（『廿一口供僧方評定引付』）。さらに二十四日には尭忠という僧侶の坊に乱入しようとし、また西院に乱入して仏具や本尊を奪い取ろうとしたので寺家の夏衆以下の者が駆けつけ、土一揆を追い出したため、土一揆は悉く寺内を退散した（同上）。

その後侍所所司代多賀高忠の軍勢が東寺にやってきて、土一揆討伐を申し入れた（『廿一口供僧方評定引付』）。東寺側ではもはや退散したと回答したが、多賀高忠はじめ軍勢は千手堂に一泊し、東寺は酒樽やかがり木を出した（同上）。翌朝早々に侍所の軍勢は行動を起こし、鳥羽で土一揆の者一人を召取って撤収した（同上）。東寺では、こうした行動に応えて多賀高忠へ挨拶のため、三〇〇疋《ぴき》の銭をもって出向いたが、多賀側では礼銭を受け取らず、結局東寺の使者は吉田という者に銭を預けた（同上）。次にやはり礼銭一貫文をもっていったところ、吉田が無用であると述べたので、やはり銭は吉田に遣わし、ただ挨拶のみを行なった（同上）。土一揆に悩まされた東寺にとっては侍所との密接な関係は欠かせなかったと思われる。

また土一揆防禦のために寺内および款冬町《やまぶき》以下の者たちが出陣し、そのため老年の者が留守の家を見回ったので、これに扶持を与えるよう、若衆らが申請し、東寺から承認されている（『廿一口供僧方評定引付』）。また近隣の吉祥院の蔀田からは、土一揆が再度東寺に閉籠するような事態となれば、直ちに馳せ参じる旨申し入れがあった（同上）。東寺寺内や近隣の住民にとっては、土一揆から日常生活を自衛することが何よりも重要な課題であった。

幕府は諸大名に土一揆討伐を命じたが従う大名がおらず、結局足利義視《よしみ》が朝倉孝景《たかかげ》を召して討伐を依頼した（『経覚私要鈔』）。朝倉孝景は武力調達のため、大和の衆徒古市に矢と射手とを求めている（同上）。十一月末に土一揆は鎮まった（同上）。

翌文正元年（一四六六）には、冒頭で述べた土一揆が蜂起する。そして京都は応仁の大乱へと向かっていくことになる。大乱の直前に起こった文正元年の土一揆については、冒頭の「土一揆とは何か」で述べたので、改めて詳述することは避けたい。しかしこの時も土一揆が東寺に籠城しようとしたので、東寺寺内では合図の鐘をならし、駆けつけた若衆をはじめとする人々が土一揆を追い払った（『廿一口供僧方評定引付』）。また夜回りなどの警固について寺内で論議され、さらに前年の寛正六年の土一揆の際、取り失われた楯《たて》を新造するよう坊中の者や若衆の訴えがなされ、承認されている（同上）。度重なる土一揆の来襲の中で、東寺とその関係者が防備や対応の体制を整えていくさまが窺えよう。

恒常化する土一揆の特質

以上、京都に来襲する土一揆の行動を追いかけてきた。その大きな特徴は第一に、通常指摘されているような、村住民の結束を母体とした土一揆が、思ったほど見られないことである。むしろそれぞれの村から個々に、いわば三々五々土一揆の大将のもとに集っていることを窺わせる事例が多い。何よりも幕府が土一揆を取り締まる際、領主に命じて領内の村に触れ、村の中で土一揆の一味を糺明《きゅうめい》していることが注目される。村住民の結束は土一揆蜂起よりも、むしろ土一揆取締りに大きな力を発揮しているのである。

さらに村についていえば、土一揆の手によって土倉が債務破棄に応じるようになってから行なわれる徳政の実施に参加する場合さえ、極めて慎重な対応をしたことが注目される。

山科郷大宅村では、領主との密接なコンタクトをとり、徳政実施の確かな情報を得てから行動を起こしたことが知られる。恐らく個々の村民には徳政を切望する者が圧倒的に多数を占めていたことは想像にたやすい。しかも村の対応は慎重であった。土一揆の蜂起に際して村ぐるみの集団が、少なくとも大きな比重を占めることは考えにくいように思われる。

そしてその特徴の第二は、武家被官とのかかわりの大きいことである。寛正三年の土一揆の場合のように大名の被官が土一揆に味方して掠奪行為を行なったことはこの点を窺わせるものであるし、寛正四年の場合のように土一揆蜂起の風聞に対して幕府がいち早く、諸大名、将軍近習、奉公衆に命じて、その被官たちが土一揆蜂起をしないよう取り締まっていることも同様であろう。寛正六年の場合にも幕臣の被官たちの動きを警戒し、伊勢氏の被官たちに対しては、主家から土一揆蜂起の間在京することが命令されていることも同様に考えることができる。

これに関連していえば、幕府が諸大名に土一揆討伐を命じた時に、諸大名の足並みが必ずしも揃わない点も注目される。前にみたように文安の土一揆には畠山持国に被官が加わっていた。長禄元年の土一揆の際にも山城国守護畠山義就はなんら取締りを行なっていない。寛正六年の土一揆の際にも大名たちは、直ちに幕府の命令に応じて土一揆討伐に向かうようなことはなかった。これらの事実もまた、土一揆に武家被官のかかわりが大きいことを窺わせる。

そして第三の特徴は、にもかかわらず、土一揆が幕府に対する「訴訟」を旗印に行動していることである。嘉吉元年の土一揆にも、寛正六年の土一揆にもこうした土一揆の行動様式をみることができる。幕府軍と公然と交戦するような行動をとりながら、この集団が旗印としたのは、あくまでも徳政を求めての「訴訟」であった。武力行使と「訴訟」とを併存させる土一揆の論理に、いかにも中世的な行動様式をみることができるのではないか。

そこで次にこのような特徴をもつ土一揆の実態をどのようにみたらよいか、考えてみることにしたい。

足軽・悪党・土一揆

これまでみてきた土一揆の具体的様相は、通説にいう村落民衆の一揆という性格とはかなり異なるものであった。村落はむしろ土一揆を取り締まる側として登場することが多かったし、一方、土一揆は武家被官《ひかん》を含む集団であり、大名など幕臣とのつながりをも推測させるような集団であった。その行動も寺院に対する陣取り、兵粮米《ひょうろうまい》の強要、土倉《どそう》・酒屋からの掠奪《りゃくだつ》、放火、幕府軍との交戦など「軍団」という言葉が適当であるとの印象をうける。このように考えた時、土一揆を「足軽」ないし「悪党」と呼んでいる事例のあることがひときわ注目されるのである。

足軽とは、よく知られているように、ちょうど応仁《おうにん》の乱《らん》の時代に戦場で活躍した身分の低い歩兵であり、これまでみてきた「軍団」というイメージに適合するものである。既に藤木久志氏は、土一揆と足軽とが酷似した性格をもつ集団であることを指摘されている。土一揆と酷似している足軽に注目することが、その性格を検討するうえでの重要なてがかりとなることはたやすく想像されよう。

また悪党は、鎌倉末から南北朝にかけて、やはり武力行動でその名を轟かした集団であるが、土一揆の初見史料が南北朝期、つまり悪党の活動がたけなわであった時代のものであることがひときわ注目される。さらにまた、後述するように、一定地域を制圧し、制札を立てるなど土一揆との共通性を窺《うかが》わせる行動もあり、これもまた土一揆の性格を考えるうえで重要なてがかりとなるように感じられる。

以下この二つのキー・ワードをてがかりに、土一揆の正体にせまってみることとしたい。

足軽と土一揆

足軽の一揆

最初に足軽が一揆集団であることを示す史料をみてみたい。奈良興福寺大乗院の門跡《もんぜき》であった尋尊《じんそん》の証言である。応仁《おうにん》の乱《らん》の最中の文明四年（一四七二）二月に、尋尊は次のように記している。「京都、山城以下の痩《や》せ侍たちが一党を結成し、自ら足白《あしじろ》（足軽と同じ歩行兵）であるとの大義名分をふりかざし、まるで土民のように蜂起し、結束した。これは近年土民たちが、自ら足軽であるとの大義名分をふりかざし、法や正義にはずれた好き放題をしているがために、このようなことが生じているとのことである。亡国の原因としてこれ以上のものはない」（『大乗院寺社雑事記』）。

貧しい下級の侍が「足白」であるとの大義名分によって、一揆を結成し蜂起することと、

図4　応仁の乱における足軽の掠奪（『真如堂縁起』真正極楽寺所蔵）

土民たちが「足軽」であるとの大義名分によって、戦場での放火、掠奪を行なうことが同じ事態であるというのが尋尊の認識であった。足軽も土一揆も下級武士や土民の一揆なのである。同じような認識は奈良の一僧侶が書いた、次のような手紙の一節にもみられる。「京都の足軽が奈良に向かっているという風聞があります。今どきの土一揆というものは、寺社に乱入しての掠奪を目論んでいるとほうぼうでいわれています。興福寺の学侶《がくりょ》も六方《ろっぽう》（学侶でない一般僧侶の集団）も油断していますが、あらゆる手立てを講じて防衛軍をかき集めなくては、奈良はたちまち滅亡してしまうでしょう」（『大乗院寺社雑事記』文明十二年十二月二十一日条紙背文書）。「京都の足軽」とはすなわち土一揆の同類と見なされていたことが知られる。

こうした一揆集団としての性格によるものか、足軽を有力な軍事力として活用するはずの大名が足軽禁止令を出す場合もある。延徳四年（一四九二）五月、河内国の足軽市若が帰国したところ「一国の百姓」から八〇ヵ条の不法を訴えられたため、国外追放にされ、畠山基家《もといえ》は足軽禁制の掟《おきて》を発した（『大乗院寺社雑事記』）。七月には和泉国・河内国が一致して足軽を禁止にしたため、大和国もこの動向に同心して、私段銭《したんせん》（武士たちが私に賦課する段銭）を禁止しようとする動きがあったという（同上）。足軽集団は大名・武士に統率されて行動するのみではなかったことが窺える。

主人と村の取締り

この時代の人々は、足軽と土一揆とを同類のものと考えていた。この認識にたてば、武家の被官が土一揆の中で活躍していることは何の不思議もないことになる。足軽の集団は、その大将のもとに村の住民など土民が結集して結成されるものであった。文明三年正月、遍照心院《へんじょうしんいん》領の住民で足軽大将の馬切衛門五郎というものが京都の八条で足軽の「取立て」（募集）を行なったが、領内からこれに応じる者の出ることを危惧《きぐ》した東寺では寺家の下級役人、諸坊の召使、力役に従事する下人、境内に居住する百姓らに、足軽に加わらないよう起請《きしょう》を行なわせた（『廿一口供僧方評定引付』）。

一方、土一揆もまた、寛正三年のそれのように「蓮田」などの大将のもとに、それぞれの在所から三々五々人々が集って一揆集団を形成する場合があった。これに対して幕府は土一揆の徳政行動に加わることを禁止するとともに、東寺など荘園領主に命じ、領内の村々による自検断《じけんだん》を利用し、村民に起請を行なわせることによって、土一揆を取り締まっていたことは既にみたとおりである。土一揆も足軽も同様な方法で組織され、同様な方法で取締りをうけたことが窺える。

一条兼良《いちじょうかねら》が将軍足利義尚《よしひさ》に講じた政治の書として著名な『樵談治要《しょうだんちよう》』では、足軽を「超過したる悪党」と罵詈《ばり》したうえで、その取締りについては「まず足軽の主人の責任で取り締まらせるのがよい。足軽が土民や商人であれば、その所属する在地に命じて取り締まらせれば、千に一つくらいの可能性で取り締まることもできるかも知れない」と述べている。寛正六年（一四六五）の土一揆の際、幕府は主家の伊勢氏を通じて、その被官である西岡の地侍が土一揆に加わらないよう取り締まらせたことは既にみた。さらに村において土一揆参加者を取り締まる時には村の自検断によって、つまり「在地に命じて」取締りを行なわせた。この点もまた、足軽と土一揆とのよく似た組織形態を窺わせるものといえよう。

動員された土一揆

土一揆といえば、参加者が自発的意思に基づいて「一味同心」の結束により行動しているものというイメージは強く、大将のもとに組織され、一定の軍事行動に動員された集団であるという側面はどうしても副次的なものと考えられがちである。しかし現実には国人など侍によって動員された土一揆もかなり多く見出される。

永享四年（一四三二）十二月に大和の国民《こくみん》（大和にある春日社末社の神官の地位にある武士、国人と同等の身分）越智・箸尾を討伐し、帰陣の途にあった赤松氏の軍勢を襲った土一揆（『満済准后日記《まんさいじゅごうにっき》』）は、越智・箸尾に動員されたものとみられている（『看聞日記《かんもんにっき》』）。そもそも赤松氏が幕府の命令で越智・箸尾討伐に向かったのは、大和の衆徒筒井氏と越智・箸尾両氏との抗争が原因であり、劣勢にたった筒井氏を援護するためであった（『満済准后日記』『看聞日記』）。この抗争の中で筒井氏も土一揆を動員したものとみえ、九月に越智軍が筒井氏を攻撃して竜田神社を焼払った時には、筒井方の土一揆が越智軍を襲っている

(『満済准后日記』)。

翌永享五年閏七月には、山門が近江辺の土一揆を蜂起させようと画策していると取沙汰されている(『満済准后日記』)。嘉吉三年(一四四三)にも、加賀守護富樫家の家督争いに絡んで河内国から上洛した畠山持国の軍勢に呼応すべく、山門は土一揆を動員した(『建内記』)。長禄三年(一四五九)には越前国河口庄兵庫郷で国人の堀江氏が豊原寺を攻めるために土一揆を蜂起させている(『経覚私要鈔《きょうがくしようしょう》』)。

文安四年(一四四七)七月に奈良で土一揆が蜂起した時、この土一揆が安位寺経覚と古市とが仕組んだものであると噂され、衆徒が蜂起すると風聞されたことは既にみたとおりである。土一揆の背後にはそれをあやつる大きな政治勢力がある、と見なされることが珍しくはなかったのであるが、これは決して現実とはかけ離れた空想とみることはできない。むしろ以上のような、武士や山門に動員される土一揆の存在をみれば、背後に大きな政治勢力を想定する、当時の人々の観念こそが土一揆の重要な性格を捉えているとみなくてはならないだろう。

こうした観念の背景として、藤木久志氏が指摘されるとおり、頻発する飢饉により活路を求めて京都へ向かい、さらに大名や武士に組織されて戦場へと向かう流民《りゅうみん》の巨大な流れがあったと考えられよう。土一揆、足軽に加わるという、民衆の武力への指向は当時の社会状況と密接にかかわっていた。応仁の乱で、西軍の畠山義就《よしひろ》の配下として活躍した足軽大将の御厨子は、東福寺門前の住民であり、家業に精を出すことなく武芸を殊《こと》のほか好み、身分の低い兵士を集め、東軍の進路を妨害した（『碧山日録』）。こうした民衆の動向を『文正記《ぶんしょうき》』は「租税を納めず、正義をないがしろにし、農業を捨てて武芸を習い、系図を買って侍へと身分の上昇を目論み、盗賊の棟梁《とうりょう》になり、国家に刃向かい、徳政の張本人となる」と記している。足軽や足軽大将をして戦場に行くことと「徳政の張本人」となることとは当時の同じ背景から生じたものと見なされていた。

兵粮強要と徳政

また足軽と土一揆との行動は事実としてもあまりにも似通っており、両者を同質のものとみることはごく自然といえよう。足軽の行動として目立つのは戦場での果敢な戦いとともに、兵粮米《ひようろうまい》・兵粮料徴収を大義名分にしての掠奪であろう。文明十一年閏九月、奈良で、越智・古市という有力武将の配下を駐屯させることがきまった時、大乗院尋尊は次のような危惧を表明している。「これら足軽たちは毎日方々で掠奪をするだろう。彼らに与える兵粮米などあるはずもないのだから、京都のように方々を打ち破り、乱入することを彼らに許可する以外ない。奈良がどうなるか想像するだに恐ろしい」(『大乗院寺社雑事記』)。この年に足軽は、奈良に棟別銭《むねべっせん》(在家一軒ごとに懸ける租税)を課しており(同上)、軍費を徴収する権限を得ていたことが分かる。戦場に向かう足軽の権利として兵粮を徴収する、との大義名分により掠奪が行なわれたであろうことは想像にかたくない。

一方、寛正六年(一四六五)、土一揆が東寺に兵粮を強要していたことは既にみた。ほかにも文明十二年(一四八〇)九月に京都を土一揆が襲った際には、酒屋・土倉に兵粮を賦課し、伏見宮など公家から「酒肴料《しゅこうりょう》」をとったという(『宣胤卿記《のぶたねきょうき》』)。同じ頃奈良でも土一揆が蜂起したが、興福寺は内々で一揆と折衝《せっしょう》し酒代として金銭を与え退散するよう申しつけたところ、土一揆は収まったことが知られる(『大乗院寺社雑事記』)。兵粮を強要することは土一揆も足軽と同様であった。

逆に、土一揆の本領とみられる徳政要求を、足軽が行なったことも知られている。文明四年(一四七二)八月の京都では足軽たちの手で徳政が行なわれた(『大乗院寺社雑事記』)。徳政を大義名分としての酒屋・土倉《どそう》への攻撃が行なわれたことはたやすく想像される。大義名分が徳政であろうと軍費・兵粮の徴収であろうと、土民の集団の攻撃に曝《さら》されるのは酒屋・土倉であり、金品を強要されるのは公家や寺院であるとすれば、両者の区別がつきにくなるのは当然ともいえよう。

藤木久志氏は、飢饉によって京都に流入し、施行《せぎょう》を求める流民や、徳政を求める土一揆、そして戦闘をこととする足軽らが、同じ根から生じた、京都という富の集積地にかかわる生命維持の装置の発動であったとされている。この指摘に関連して興味深いのは、嘉吉元年の土一揆の際に、「山上」と号する土倉、「薬師堂」と号する土倉を襲撃した土一揆が、皆覆面をしていたという証言である（『建内記《けんないき》』）。

これは日常的に土倉に債務をもつ住民が徳政を強行する際、土倉に顔を知られないためにしたことと見ることもできるかもしれない。しかし日常的に土倉とかかわる住民はむしろ債務額の十分の一を支払うような方法をとったと考えられるから、この覆面は顔を隠すためではなく、近世の百姓一揆もしたという「非人拵《ひにんこしら》え」という出立ちだと思われる。支配者に施行を受けるべき権利をもつ「非人」としての自己アピールがこうした出立ちにも現れている、とみることは可能である。寛正六年に東寺に立て籠もった土一揆が「公方」への「訴訟」を大義名分としていた点も、酒屋・土倉への攻撃に、独自の正当性を主張するものとみることができよう。

動員令としての徳政

そもそも「徳政」という、しばしば土一揆のふりかざした大義名分自体、戦場への動員と密接に結びついていたと考えられる。文明三年十月、安芸国東西条では地下人《じげにん》たちが徳政を大義名分に、ほうぼうで敵方の残党を動員しようとする動きがあったため、大名の大内政弘は毛利豊元に、これを取り締まるよう命じている（『毛利家文書』）。「徳政」が軍勢動員の旗印となっていることが注目されよう。将軍もまた、徳政を条件とした軍事動員を行なっている。永正八年（一五一一）八月に、京都奪回をめざす足利義稙《よしたね》は上賀茂の一揆衆に山城国の徳政を宣言することを条件に、動員に応じる「忠節」を命じている（『賀茂別雷神社文書《かもわけいかずちじんじゃもんじょ》』）。この動員は、丹波へ将軍が軍勢を派遣している間、一揆が京都へ出撃することは控えて待機することを指示するなど戦術的性格が際立っており、動員の手段として徳政実施が許可されたことは疑問の余地のないものといえよう。

十六世紀になれば、武士を動員するために徳政の利益を与える戦国大名の政策はよく知られている。たとえば小田原を拠点とした後北条氏は、永禄三年（一五六〇）十二月、従軍して籠城した武士に対して、その「借銭・借米」を徳政にしている（『相州文書』）、また天正十八年（一五九〇）六月、豊臣秀吉の大軍を迎え撃った最後の戦いに出陣し、籠城した天野主殿助という武士に対して「永代売地」「借銭」ともに徳政にしており（『天野文書』）、北条氏房は同じく籠城した内田兵部という武士に対して「憑支《たのもし》」と「借銭」を徳政にしている（『屋代典憲氏所蔵古文書之写』）。恐らく動員の時に徳政が約束されることも多かったのだろう。同じ年の二月、秀吉軍を迎え撃つにあたり、上田憲定は「夜走り、夜盗」などの者にも動員を呼びかけ、家中で以前に咎《とが》をもつ者も、借銭・借米のある者も陣中に馳《は》せ参ずれば咎めない、と宣言している（『武州文書』）。動員に応じる側からすれば、債務から解放されるべく、従軍する者も少なくなかったことが窺える。

こうした戦国大名の徳政は、阿部浩一氏が指摘されるように、戦況を有利に導く利益誘導策として行なわれた。例えば敵方についた債権者に対する味方の者の債務が帳消しにされるものがある。天文七年（一五三八）に戦国大名今川義元は駿河国大鏡坊に対して、戦乱の間敵地に属していったん今川氏に敵対した債権者が、戦後戻ってきて債務返済を要求しても、応じる必要はないことを保障している（『駿河志料』大鏡坊文書）。また永禄五年（一五六二）正月、今川氏真《うじざね》は一族の勧誘により味方となった菅沼小法師なる人物に、家中の者の借銭は破棄することを保障する一方、今度の乱で味方となった者に対する債務に関しては、元本を返弁することを命じている（『松平奥平家古文書写』）。味方に属する者に対して、敵方の者に負った債務を破棄するという徳政が行なわれていた。

敵味方を分かつ徳政

また戦国大名は徳政の宣言により、味方の支持をとりつけて敵方に対する結束を固めようとした。近江の戦国大名浅井亮政《すけまさ》は天文七年九月に徳政令を発し、敵方に負った債務を返済した場合は、敵と内通した者と見なして処罰することを宣言している（『菅浦文書《すがのうらもんじょ》』）。また徳川家康は天正十二年（一五八四）三河・駿河に徳政令を発し、親子兄弟や知人を仲立ちとして取引した場合には処罰することを宣言している（『蜂前神社文書』）。十五世紀、嘉吉の土一揆が若狭国に波及した際、若狭国太良庄《たらのしょう》の住民が領主の東寺に対して「土一揆がいかなる借物も返済しないよう定めたから、もし返済すれば（その制裁により）荘園住民がどのような被害をうけるか分からない」と述べたことが思い出される。土一揆も戦国大名も自ら掲げた徳政に服するか否かを、敵味方の判定基準としていたといえよう。

久保田昌希・新行紀一両氏が明らかにされたように、永禄六・七年に三河国で、本願寺一族寺院の本宗寺や上宮寺・本証寺・勝鬘寺など三河三ヵ寺を中心に一向一揆が蜂起した際、徳川家康が家臣たちに徳政実施の権利を与えていることも同様に考えられる。永禄六年閏十二月には本多広孝に永代売買地、借米銭について敵方に対する徳政を認めている

（『家忠日記増補』）し、翌七年正月松平伊忠《これただ》に対して永代売買地、祠堂銭以外の債務を総《すべ》て破棄し、敵方の本宗寺や勝鬘寺との和睦がなっても徳政の適用を取り消すことはないと言明している（『朝野旧聞裒藁《ちょうやきゅうぶんほうこう》』）。さらに二月には松平三蔵に対して、敵方寺内に負った債務は、たとえ和睦しても返弁する必要がないことを保障している（『蓮馨寺所蔵文書』）。

もっともこの年の春に一揆側の降伏により和睦がなったため徳川氏は、本宗寺らに対して以前のとおりの権利を保障すると宣言した以上、翌八年からは徳政を停止すると決定し、家中に通達している（『本光寺常盤歴史資料館所蔵文書』）。いいかえれば、敵対した寺院を、味方の軍勢の徳政要求に曝すことが徳川家康の戦略であったことになる。敵方寺院に対して徳政を宣言することにより、債務者のみならず、食うために従軍する足軽など雑兵《ぞうひょう》たちがどれほど戦意を燃え上がらせたか想像に難くない。先ほどみたように、徳政を大義名分として敵の残党を動員する地下人の行為と併せて考えれば、徳政は、敵を攻撃するために味方を組織・動員する手段としての側面を有していたようにも思われてくる。

軍事的徳政

こう考えた場合、戦国時代の本願寺が、徳政をまるで戦闘に準じるかのように、取り締まっている点も注目されるのである。たとえば十五世紀後期の第八代住持蓮如《れんにょ》は加賀門徒たちの企てた「悪行」を取り締まる中で、徳政を行なった者は門徒を破門すると述べている（『粟津家記録』）。また十六世紀中葉の天文六年（一五三七）八月、第十代住持証如《しょうにょ》はやはり加賀の一向一揆に対して「別心者」つまり謀叛人《むほんにん》を処罰すること、「徳政」を触れた張本人を成敗すべきこと、「具足懸《がけ》」すなわち武器による私の戦闘行為は「理非によらず」成敗すべきことなどを命じている（『明厳寺文書《みょうごんじもんじょ》』）。「徳政」は私戦と同様に禁圧すべき対象とされたことが窺える。

一方で攻撃してくる敵方に向けて徳政令を宣言することは、既にみたように相手への妥協・和睦の手段であった。正長元年（一四二八）土一揆の強要に応じて大和国興福寺が徳政令を出したり、嘉吉の土一揆の際、幕府がともかくも土一揆の強要に応じて徳政令を出したりしているとおりである。しかし他方で味方となるべき勢力に、敵方に向けた徳政を約束すれば、これは極めて有力な動員手段となることは間違いないだろう。特に動員の相手が、いわば食うために従軍している足軽など雑兵である場合にはなおさらである。

先ほど述べた、足軽による徳政などは、このような側面を物語るものではないだろうか。従来徳政や徳政令はもっぱら、日常生活上の債権・債務関係に関する対処、政策として考えられてきたために、徳政の軍事的性格については、先に紹介した阿部氏の見解など、いくつかの先駆的研究がみられるものの、学界でまだ十分明らかにされていない。しかし戦国の戦場には大名や武士たちとともに、足軽や、武士により動員された土一揆が少なくない比重を占めていたとみるならば、その動員がどのように行なわれていたかを考えるうえで徳政に注目することはごく自然であり、また戦国時代の徳政を考えるうえでゆるがせにできない点であるように思われる。

悪党と土一揆

土一揆とかかわる悪党

一方、土一揆がしばしば「悪党」と呼ばれていることも注目される。明応三年（一四九四）九月、室町幕府は「悪党等」が徳政を大義名分にして土一揆を動員し、侵入してくるとの噂《うわさ》をうけて、東寺に対して張本人を探索・捕縛すべきこと、これに加担する者の在所、その在所の領主、加担者の交名《きょうみょう》などを注進すべきことを命じている（『東寺百合文書』ケ一九七）。また文明十二年（一四八〇）二月、丹波国前守護代であった内藤の被官の牢人《ろうにん》たちが徳政を企てたため、これら「悪党」の館に一宮方の武士が放火し、国中錯乱《さくらん》に陥ったとの情報が京都に伝えられている（『晴《はれ》富宿禰記《とみすくねき》』）。徳政を企て、土一揆を動員する者たちが悪党と呼ばれていたことが知られる。

同じ文明十二年の十一月、奈良を襲った土一揆に、酒代を与え、退散するように申し付けたところ、蜂起が収まったことは前述したが、その際に土一揆との仲立ちは、森田と長教房が申し合わせて行なったことであった（『大乗院寺社雑事記』）。この森田を尋尊《じんそん》は「悪党」と呼び、「土一揆と内通していることは一目瞭然である」と述べている（同上）。土一揆の一味は「悪党」と見なされたと考えられる。

文明十四年閏七月には京都郊外で「悪党等が徳政の儀を取り立てる」動きがあり、幕府の手で悪党三人が斬られるという事態となり、侍所所司代から東寺に対して、境内や寺領の諸荘園で取締りを行なうよう通達されている（『廿一口供僧方評定引付』）。「徳政の儀を取り立てる」すなわち、徳政を求めて蜂起する主体が「悪党」と認識されていることが知られる。

文明十七年八月に起こった京都の土一揆に際しては、「昨夜、徳政を大義名分にほうぼうで掠奪が行なわれたという。しかもこれは『土一揆』ではなく大名被官、諸侍、そして悪党の仕業《しわざ》であるとのことだ」との情報も流れた（『後法興院記』）。この徳政はもちろん、後述するように土一揆によるものと考えられ（『自衛する村・町と土一揆』）、「土一揆ではない」という近衛政家の認識は、当時の「土一揆」像の多様性を窺《うかが》わせる。しかし一方、ここでもまた、悪党が土一揆同様、徳政を大義名分とする掠奪にかかわる存在とみられていたことは注目される。

戦国の「悪党」

通常、中世で悪党と呼ばれるものは鎌倉末から南北朝期という時代に固有の現象であるとされている。したがってここで徳政を企てるものを「悪党」と呼んでいるからといって、これら「悪党」を、直ちに鎌倉末から南北朝期のものと同質であるとみることはできない。もはや「悪党」の語は歴史的に固有の意味を失い、単なる悪者を指し示しているだけとみるほうがより妥当な判断とみることもできる。ちなみに『日本史大事典』(平凡社)を開いてみると、「悪党」を執筆されている網野善彦氏は「室町期以降には、悪党の呼称も『日葡辞書』に『盗人や追剝など悪者の仲間』とあるように専ら夜盗・盗賊などを指す限定された意味の言葉となっていった」と述べておられる。

しかしその実態は鎌倉末・南北朝期のそれと似ていることも事実である。たとえば通行者に支配権を主張する路次狼藉《ろじろうぜき》のような、鎌倉末・南北朝期の悪党と同様な行動は十五世紀の「悪党」にもみられる。宝徳四年(一四五二)五月頃、大和の八峯山で二人の「悪党」が通行人や旅人にたびたび攻撃をしかけたため、討伐されたことが知られている(『経覚私要鈔《きょうがくしようしょう》』)。彼らは山村、坂口など大和国の武士の下人であった(同上)。また永正八年（一五一二）八月には敵の侵入を食い止めるという大義名分のもとに、山城国上久我・下久我庄内で、通行を妨げる「悪党」が跳梁《ちょうりょう》しており、幕府の捕縛命令が荘園領主の久我家に対して出されている（『久我家文書』）。戦国期の「悪党」もまた、通路の封鎖、通行者への干渉などを行なっていたのである。

荘園や村落に軍勢を率いて乱入し攻撃する、ということは鎌倉末・南北朝期悪党の典型的な行動といってもよいが、これも十五世紀にみられる。文明八年（一四七六）、幕府の御料所である丹波国桐野河内村では、仲間を頼って近所を徘徊《はいかい》し、狼藉をする「盗人等」がおり、早々討伐するよう幕府が守護代に命じたにもかかわらず、討伐がなされず、十一月六日に至って彼らは軍勢を率いて乱入し、民屋に放火し、地下人を殺害するという行為に及んだ（『蜷川家文書《にながわけもんじょ》』）。幕府は「かの悪党」を誅伐《ちゅうばつ》し、これと通じる在所についても同罪なので交名を注進するよう守護代に命じている（同上）。

この他、戦国大名の分国法《ぶんこくほう》として知られる『結城氏新法度《ゆうきししんはっと》』でも「草《くさ》（忍びの兵）や夜業（夜間の行動）などは悪党か、走り立つ者（敏速に行動する者）か、あるいは一筋ある者（専業をもつ者）のすることである」と記されている。ここでいう「悪党」は単なる盗賊や追剝《おいはぎ》ではなく、やはり武術に長《た》けた特異な存在を指しているとみるのが自然であるように思われる。だからこそ「外の悪党に宿を請合った者は、洞《うつろ》（領内）の悪逆人として誅罰する」（『結城氏新法度』）のような規定が存在するのであろう。

武装集団としての悪党

以上のようにみてくると、鎌倉末・南北朝期のそれと直ちに同一とみることはできないにしろ、戦国期の「悪党」もまた、単なる夜盗・盗賊とみることはできないだろう。むしろ、かなりの高度な武力や大規模な戦力をもった武装集団であると考えたほうが事実に近いように思われる。こうした武装集団の特徴はなんといっても大掛かりな軍事行動であろう。応仁の乱中の文明二年（一四七〇）八月、西軍方の大内政弘は大和国の国民越智を通じて奈良興福寺の六方《ろつぽう》に、般若寺《はんにやじ》関所の「悪党」明観入道を引き渡すよう要求してきた（『大乗院寺社雑事記』）。明観が山城辺の「悪党」を率いて山城に乱入することを企てている、というのが要求の理由であった。この明観は身分は低いものの「京・奈良に隠れなき」「悪党」であり、関所の代官に任じられ、奈良の防禦を命じられており、また東軍に出入りしている者であったという（同上）。

応仁の乱における悪党の活動は他にもみられる。文明元年十一月、兵庫関における大内政弘と山名是豊《これとよ》・赤松政秀との合戦で、大内政弘に守られた一条政房を殺害したのは山名・赤松の手に属する「悪党」であった（『大乗院寺社雑事記』）。文明十一年十月頃、筒井軍に組織されていた「悪党・足軽大将」が悉《ことごと》く退散したが（同上）、これも応仁の乱で活躍した軍勢の中に、「悪党」と呼ばれる武装集団がいたことを物語るものである。

このような武力をもつ「悪党」が、武士の被官になっている例がみられる。応仁の乱勃発直前の文正二年（一四六七）正月、畠山政長被官の「悪党」が所々の酒屋・土倉《どそう》に押し入り、家を焼き、財宝を奪取した（『後法興院記』）。足軽・土一揆を思わせる被官の「悪党」の行為である。また文明十六年（一四八四）九月頃には物部次郎左衛門尉の被官の「悪党」が伊勢因幡守《いなばのかみ》の領地で討たれたため、主人の物部は報復に因幡守のところへ押寄せた（『大乗院寺社雑事記』）。翌年四月にはさきほど触れた明観入道の息子の「悪党」で、狭川の被官になっていた者が木津に討たれ、狭川は報復のため、軍勢を率いて出陣し、木津もまた出陣して対峙するに至った（同上）。

また「悪党」は武力抗争に動員されることが珍しくない。村同士の相論として著名な近江国菅浦《すがのうら》と大浦との争いにおいて、大浦方が享徳元年（一四五二）閏八月に「悪党」を動員して政所《まんどころ》に押寄せ、菅浦方についた松平益親《ますちか》を殺害しようとした、と益親自身が非難していることは有名である（『菅浦文書』）。村間相論に悪党という武力集団が動員されることのあったことが窺える。

文明十六年八月頃、大和国信貴山の北座衆と南座衆との争いが武力衝突寸前まで至った時、両者が動員した人数のうち「悪党」らが既に合戦を始めてしまったため、収拾がつかなくなるという事件もあった（『大乗院寺社雑事記』）。さらに明応六年（一四九七）十月、大和で繰り広げられた衆徒筒井と同じく衆徒古市との武力抗争には「足軽」「悪党」が動員されていることが知られる（同上）。

また日照りの際の雨乞いを行なう道場として著名な京都の神泉苑を、長福寺僧永尊がかってに進退していると東寺が訴えた（『東寺百合文書』コ一）。処罰されそうになった永尊は、いったんは以後干与《かんよ》しないと幕府の裁断に服したにもかかわらず、ふたたび「方々悪党」を動員して占拠を企てたとして、明応八年（一四九九）四月頃、東寺から訴えられている（同上）。文亀二年（一五〇二）十月頃、京都の吉田社で、境内で行なわれる出作を禁止しようとしたところ、「黒次男」なる人物が、これに対抗して「悪党」を語らって吉田社に押しかけ、武力で攻撃をしかけたという（『兼右卿記《かねみぎきょうき》』）。

自力救済と悪党

二つの集団の紛争が、たやすく実力抗争に発展しかねないのが中世の現実であった。支配者に訴訟してその裁断を仰ぐ、という紛争解決のやり方は限られた場面で行なわれるものであり、むしろ多くの紛争が当事者間の、実力行使を含む駆け引きで決着することのほうが一般的であった。このような解決法は自力救済と呼ばれており、中世は自力救済の時代であった。しかし自力といってもそう簡単に自前の軍事力を調達できるわけではない。武力抗争には、しばしば傭兵《ようへい》が必要とされるのが、上にみたような現実であったといえよう。「悪党」と呼ばれる、いわば専業の武力集団が存続する余地がここにあったように思われる。

応仁三年（一四六九）正月、東寺の僧乗観と板倉大和という者との相論は、乗観の弟が、板倉大和の一族を殺害するという事件が絡んで難航した（『廿一口供僧方評定引付』『東寺百合文書』チ一三二）。東寺側として板倉との交渉にあたった増長院に対し、板倉は殺害人の兄乗観を東寺の手で召し籠めるか、乗観の身柄を板倉側に引き渡すか、あるいは相論の要因である「贓物《ぞうもつ》」（盗品）を悉く東寺の手で返却したうえで乗観に罰金一〇〇貫文を払わせるか、などの処置を要求した（同上）。その際板倉大和の一族親類は「足軽どもに申し合わせる」すなわち足軽集団を味方として動員することを企てているらしい、と東寺と板倉との間に立った郷原資近という人物は増長院に報告している（『東寺百合文書』チ一三二）。足軽もまた、自力による相論の際に、いわば助っ人としての役割を期待される存在であったことが窺える。

こうした武力集団はまた、自らの武力を背景に在地の秩序維持、あるいは支配を行なうこともあった。時宗の開祖と呼ばれる一遍《いっぺん》は十三世紀後半、日本各地を遊行《ゆぎょう》して伝道したことで知られる。そしてこの一遍が美濃・尾張で活動していた頃、「悪党」が一遍の道場に参詣する者を保護し、違反者を処罰する旨、制札を出したと伝えられていることはよく知られた事実である（『一遍聖絵《いっぺんひじりえ》』第七）。一方、長禄二年（一四五八）七月に蜂起した土一揆は徳政を企てたり、白昼に「高札」を立てたりしたという（『東寺百合文書』京六）。さらに時代は下るが天正五年（一五七七）七月、紀伊国雑賀の足軽衆が、「七百人足軽衆として」在所を守ることを真観寺に保障している（『真観寺文書』）。悪党、土一揆、足軽が時代こそ違え、共に秩序維持・支配を行なうことを宣言している点は注目すべきものといえよう。

舞台に上る民衆

以上みてきた戦国の「悪党」は、先ほど述べたように、足軽とともに土一揆と極めて密接な存在と考えられていた。このようにみてくると、鎌倉末・南北朝期にもまた、軍勢に属する下級の武士たちが土一揆と酷似した行動をとっていることが注意をひく。元弘三年（一三三三）五月、後醍醐《ごだいご》天皇方の軍勢が京都を攻め落とした時、護良《もりよし》親王の候人《こうにん》殿法印の手の者が京都の土倉を襲って財宝を掠奪する事件が起こっている（『太平記』巻一二）。彼らは足利尊氏《たかうじ》によって「昼強盗《ひるごうとう》」として誅罰《ちゆうばつ》されているが（同上）、京都の土倉を襲って掠奪を行なったうえに「夜討・強盗・山賊・海賊」という、悪党の要件の一つを理由に処刑されている点が注目に値するといえよう。

土一揆の語が史料にはじめて登場するのは、中村吉治氏が指摘されるように南北朝内乱期の文和三年（一三五四）である（『東寺百合文書』タ八）。とすると、少なくとも土一揆と悪党とは同じ時代を共有しているのではないか、と想像することは可能である。土一揆と悪党とのつながりを追うことのできる史料はこれ以上見当たらない。しかし前述のように、十五世紀初めの土地売券には、この売買契約は「天下一同又は公家・武家の土一揆」などの徳政があっても破棄されることはない、と記されていることをみると、正長元年（一四二八）以前に人々は、徳政を大義名分とする土一揆蜂起の洗礼に、既に馴染《なじ》んでいたとも想像される。

さらに足軽もまた、南北朝初期に既にその活躍がみられることは周知の事実である。元弘三年（一三三三）正月、二階堂道蘊《どううん》に率いられる幕府軍が護良親王の立て籠《こ》もる吉野の城を攻めた時、幕府軍の案内者を勤めた吉野の執行岩菊丸は、「物馴れたらんずる足軽の兵」一五〇人を、搦手《からめて》の金峯山から忍び込ませ、吉野の城を攻略した（『太平記』巻七）。

閏二月、摂津国摩耶《まや》城に陣取った赤松円心は、攻め寄せてきた幕府軍に対し「足軽の射手」一〇〇～二〇〇人を麓に下して遠矢を射懸けさせている（同巻八）。足軽、悪党、土一揆ともに南北朝時代を共有していたことと考えることは可能ではないか。

最近、村井章介氏が指摘されたように、雑兵《ぞうひょう》たちが食うために戦場に赴《おもむ》く、という社会状況も、南北朝期と戦国期とで異なる点はないといえる。先ほど登場した殿法印と、中院定平が組織した部隊は「伊東・松田・頓宮・富田判官が一党、ならびに真木・楠葉の溢れ者共を加へて其勢都合三千余騎、伏見・木幡に火を懸て、鳥羽・竹田より推寄」せた（『太平記』巻八）。都落ちした六波羅《ろくはら》勢が近江国番場で集団自決に追い込まれるに至った、後醍醐天皇方の襲撃の主役となったのは「山立《やまだち》・強盗・溢者《あぶれもの》共二、三千人」であった（『太平記』巻九）。「溢れ者」たちの、食うための従軍という、土一揆の発生を促したと同じ社会状況は南北朝期にも存在したことが知られる。

加えて悪党の活躍した時代は、笠松宏至氏が明らかにされたように、「甲乙人《こうおつにん》」と呼ばれる、従来固有名詞で呼ばれることさえなかったような、身分の低い者たちの活躍がひときわ目立った時代であった。悪党もまた「百姓」層の平民を組織していたと想像される。侍たちに率いられてではあれ、南北朝時代は民衆の結束した力が歴史の檜舞台に登場した時代とみることも可能であろう。

さらにいえば、この時代に成立したとされる村も、「沙汰人」「名主」と呼ばれる侍身分の住民（たとえば京都東郊の伏見庄の政所・公文ら沙汰人は侍身分である）や有力農民に率いられ、自ら耕作し、居住する土地を守るために結束した民衆の集団であった。村と足軽、悪党、土一揆とは、行動様式が相当に違うことは既にみたとおりであるが、侍層などに率いられた「百姓」身分の集団という側面では、村もまた共通しているとみることもできるのではないか。

鎌倉末・南北朝時代を、侍たちを棟梁《とうりょう》とした民衆の集団の誕生した時代とみて、その中に悪党も、土一揆も、足軽も、そして村も含めて考えることはできないものであろうか。もしこのような見方が可能であるのなら、悪党と土一揆とは、村の成立期と同じ時代に、同じような社会状況から生まれた兄弟同士、とみることもできるように思われる。

自衛する村・町と土一揆

一揆蜂起する被官たち

文明十二年の土一揆

応仁《おうにん》の乱《らん》が終息したとされる、文明九年（一四七七）以降、京都はふたたび頻繁に土一揆の襲来をうけるようになる。文明十二年もそうしたもののーつであった。八月、京都西郊外の西岡地域にある向日《むこう》神社に土一揆が結集し、徳政を大義名分に蜂起する。幕府は山科家に、山科郷内の領地に、その取締りを指示するよう命じるとともに、山科七郷に対しては張本人を処刑し、加担者も同罪にし、その所領を没収するよう命じた（『山科家礼記《やましなけらいき》』）。

九月十一日に土一揆が京都を襲った。東寺やその他で集会を行ない、洛中に乱入したのである。前述したように、土一揆は兵粮《ひょうろう》や酒肴料《しゅこうりょう》を徴収した。自らを軍隊と称していた

図5　応仁・文明の乱（『真如堂縁起』真正極楽寺所蔵）

ことが想像される。京都の寺院や民家は土で入口を塞《ふさ》ぎ、筵《むしろ》で入口を覆うなど防備に努《つと》めた（『宣胤卿記《のぶたねきょうき》』）。将軍足利義尚《よしひさ》は鎮圧を命じるものの、諸大名は防戦に向かわず、結局十六日頃から土倉は土一揆の要求する債務破棄に応じ、質物《しちもつ》を返還し出した（『後法興院記』『宣胤卿記』）。二十日すぎ、土一揆はほぼ沈静した。

土一揆に便乗し、京都住民は債務額の十分の一を土倉《どそう》に納入して債務を帳消しにした。債務破棄にあたっては日を追って債務額の五分の一を土倉に納入するものが現れ、ついで三分の一を納入するようになり、さらに半分を納入する者も現れたという（『長興宿禰記《ながおきすくねき》』）。恐らく債務に苦しんでいたに違いない京都住民の少なからぬ部分が、土一揆の威を借りて債務破棄を求めたのだろうが、彼らがあくまでも土一揆とは一線を画す行動をとったことには注意する必要があろう。彼らには債務からの一時的な解放よりも、今後の土倉との付き合いのほうが大きな意味をもっていたことが窺《うかが》える。

山科七郷の徳政行動

八月の段階で幕府から土一揆取締りの命令をうけていた山科七郷では、当初土一揆に加わる動きはみられない。九月十四日には「いや五郎、小四郎、いほ」ら大宅《おおや》郷住民が、土一揆の侵入で京都の治安が悪化するなか、山科家の警固に上京している（『山科家礼記』）。ところがやがて土倉が債務破棄に応じるようになる。そして上京していた「いや五郎」も土倉に出向き、債務額の十分の一を納入して債務を破棄した十八日、山科七郷は「京の大将」である「キンヤの又」に従い、土一揆を起した（『山科家礼記』）。

七郷住民は上京して債務破棄を実現し、二十一日に山科に帰陣した（『山科家礼記』）。郷民たちは、上京の行動にかかった費用を個人負担ではなく、七郷の公的財源から支出することに決めたという（同上）。このことはこれまでの研究では、村民が村ぐるみで土一揆に参加したことを示す事例として注目されてきた。たしかに村民の村ぐるみの行動として上京と債務破棄が行なわれたことは今までみてきたとおりである。しかし山科七郷の村民が決起したのは、土倉が債務破棄に応じるようになった十六日以降、しかも住民の一人が債務額の十分の一を納入して債務破棄を実現したあとであることにも注目したい。七郷住民の行動は端的にいえば京都住民と同じく土一揆に便乗したのである。

七郷住民は徳政行動に参加しながら、土一揆とは一線を画す行動をとっていた。以前の長禄元年（一四五七）の場合と同じく、その行動は極めて慎重であり、土倉が債務破棄に応じることが公然化する以前には決して土一揆に加担してはいない。京都近郊の村である以上、住民たちは土倉との付き合いが不可欠と想像される。事実住民の「いや五郎」は土倉に債務があったし、彼は京都住民と同じく債務額の十分の一を納入したうえで債務を破棄したのであった。京都住民にとっても、近郊住民にとっても土一揆は、自らとは一線を画すべき存在だったのではなかろうか。

土一揆が鎮静化した十月、幕府が内裏《だいり》修理料の捻出《ねんしゅつ》のために設置した京都七口の関所を土一揆が焼払った（『長興宿禰記』『廿一口供僧方評定引付』）。この「土一揆」の行動はむしろ、京都への出入りを頻繁に行なわざるを得ない京都住民や近郊住民の利害を想像させる。しかしこの土一揆が徳政を求めることはなかった。九月の土一揆とはかなり異なるものであることが予想される。

従来の研究が明らかにしてきたように、土一揆と呼ばれるものの中にはもちろん村ぐるみの蜂起も含まれている。後述するように、このタイプの土一揆を、戦国時代の戦場に見出すこともできるのである。しかしこれまで再三みてきたように土一揆とは、こうした村ぐるみの蜂起だけを指すのではない。むしろ徳政を求めるそれは、村ぐるみとはいえないものの方が多いと考えられることも、これまで再三述べてきたとおりである。そして徳政を求め、京都を襲ったのは後者のタイプであった。

文明十六・十七年の土一揆

文明十四年（一四八二）閏七月に京都郊外で「悪党」が徳政を理由に蜂起を企てる動きがあったことは既に述べたとおりである。翌々年の文明十六年にも土一揆の蜂起があった。十月下旬頃から土一揆蜂起の噂《うわさ》が京都に流れたが、十一月三日下京で土一揆が蜂起し、因幡《いなば》堂に陣取った（『蔭涼軒日録《いんりようけんにちろく》』）。四日、また土一揆の蜂起がみられ、東寺を占領する（『蔭涼軒日録』『親長卿記《ちかながきようき》』）。土一揆は御影堂に乱入しようとしたが、寺の下級役人や使用人、そして地下人《じげにん》らが馳《は》せ参じて阻止した（『廿一口供僧方評定引付』）。

五日にまた土一揆は京都へ侵入する。足利義政が細川政元に討伐命令を出し、政元配下の安富元家が軍勢を率いて六角堂に陣し、土一揆は東寺に戻った（『蔭涼軒日録』『親長卿記』）。六日、因幡堂に攻め寄せた土一揆と交戦した安富の軍勢は一揆大将金崎と河村桂源左衛門、および一味八人の首をとり、一揆は鎮圧された（『蔭涼軒日録』）。

だが東寺では、ことはそれだけでは終わらなかった。土一揆を追い払った幕府軍は、一揆が占領していた東寺に検証のため進駐して、八幡宮の宮仕《みやじ》を土一揆の一味として衣服を剝ぎ取るなど暴行し、そのうちの一人二人を捕え処刑しようとしたのである（『廿一口供僧方評定引付』）。東寺側では助命嘆願のため二貫文の金銭を払い、助けることができた（同上）。幕府軍が去ったあとでは甑《こしき》、鍋《なべ》、鉄輪《てつりん》など家具が掠奪《りゃくだつ》され、東寺はこれらを新調しなくてはならなかった（同上）。土一揆に身を投じるか、幕府軍に従軍するか、雑兵《ぞうひょう》たちにとっては紙一重の差しかない選択だったのかも知れない。

そして文明十七年、大規模な土一揆が蜂起した。七月末に近江で土一揆蜂起の風聞があり、幕府政所執事の伊勢氏は、土一揆を取り締まるよう、近江、京都、京都郊外の所々にその取締りを行なうよう要請している（『蜷川家文書《にながわけもんじょ》』）。主だった対象は近江守護六角高頼、山門使節、園城寺《おんじょうじ》、石山寺《いしやまでら》、賀茂社、大覚寺、鹿苑院《ろくおんいん》領、京都東郊外の山科、西郊外の松尾社、細川政之、西岡の専九郎、等々である。八月二日には東寺へも、侍所所司代より、土一揆に加担する寺家の百姓を処罰するよう将軍の命令が伝えられていた。東寺では若衆たちが堀を掘るなど防備を進めていたが、結局十日に土一揆に乱入されることになる（『廿一口供僧方評定引付』）。

図６　細川殿（『洛中洛外図屏風』上杉本，米沢市〈上杉博物館〉所蔵）

八月四日、土一揆が蜂起し、京都で襲撃を繰り返した。足利義政は、伊勢氏に土一揆を禁制することを下知《げち》した（『蔭凉軒日録』）。九日京都所司代多賀高忠、安富元家の率いる細川勢、一色勢が土一揆の張本人である、細川政之被官の三吉の宿所へ発向した（『後法興院記』）。三吉は主君細川政之の屋敷へ逃げ込んだので、諸軍勢は政之邸を囲んだ。主君の政之は「徳政の張本人は三吉一人ではなく細川政元殿の被官も細川勝久殿の被官もいるではないか。政元殿や勝久殿が被官らを誅罰されるなら自分も三吉を誅罰する」と開き直ったという（『後法興院記』）。なお『十輪院内府記』では「既に逐電《ちくてん》した」と言明したと記す）。十日にも三吉が京中を徘徊しているとの証言もあり（『十輪院内府記』）結局誅罰を免れたものとみえる。

十日の夜頃からまた土一揆の活動は活発になり、掠奪、放火を行ない、民家から兵粮を強要したりしたので、住民たちは町ごとに警固を置いたという（『親長卿記』）。相国寺《しょうこくじ》では門前住民と寺内住民が東門に押寄せた土一揆を追い払った（『蔭凉軒日録』）。しかし土一揆の勢いは衰えず、十四日に土倉は質物の返還に応じ始めた（『後法興院記』『実隆公記《さねたかこうき》』）。この頃、細川政元の邸前におよそ一〇〇〇人の土一揆が結集し、政元から閲兵を受けていた（『蔭凉軒日録』）。

八月十五日、東寺を占領していた土一揆は引き上げて因幡堂に陣取る（『廿一口供僧方評定引付』）。十九日までに、土一揆は京都を退散した（『親長卿記』）。その後二十五日、再度土一揆が蜂起し、西岡の土一揆が東寺を占領する一幕もあったが、翌日には東寺を退散した（『廿一口供僧方評定引付』）。

文明十八年の土一揆

翌年にもまた土一揆の蜂起があった。八月二十四日夜、土一揆が蜂起し、二十五日には東寺を占領する（『廿一口供僧方評定引付』）。もっとも翌々日の二十七日には東寺から退散した（同上）。この日将軍の命令で諸大名の軍勢が一揆を鎮圧した（『親長卿記』『実隆公記』『後法興院記』）。実は将軍足利義尚が細川政元に、被官人らに土一揆を禁止するよう命じたので収まったのだという、大宮長興の証言がある。長興は「近年は毎年この時期に、土一揆が蜂起することになっている。まことにけしからぬこと」との感想を記している。

九月十日、土一揆は再蜂起して東寺を占領した（『親長卿記』『実隆公記』『廿一口供僧方評定引付』）。十三日、土一揆は幕府が派遣した政元の軍勢と交戦し、その中で東寺は炎上した。金堂以下の七宇が焼失したという（『実隆公記』『長興宿禰記』『廿一口供僧方評定引付』）。東寺で行なわれた合議では、世間が物忩《ぶっそう》の間は西院の撞鐘《つきがね》を下ろしておくようにとの提案がなされている（『廿一口供僧方評定引付』）。延徳三年（一四九一）三月には、北野社の隣郷千本《せんぼん》で土一揆が鐘の在所を求めて集会するので、やはり鐘を下ろして京都に預けている（『北野社家日記』）。一揆を結成する場合には神前での誓約が行なわれた。土一揆の場合、鐘をならして神を勧請《かんじょう》し、そこで誓約を行なうため、鐘のある場所が土一揆結成の場所となることが多かったのである。西院の撞鐘を下ろそうとしたのは同様の理由かどうかは、よく分からないが、土一揆対策として鐘を下ろすという手段を講じていることは注目されよう。

九月二十五日には細川勢数千が出撃し、土一揆を撃退した（『実隆公記』『長興宿禰記』）。

翌々年の長享二年（一四八八）八月にも土一揆蜂起の風聞があり、細川政元が動員しているとの噂もあったが、足利義政が細川政元に取締りを命じたため、鎮静したという（『大乗院寺社雑事記』）。土一揆の蜂起に、大名被官が密接にかかわっていることが知られる。九月二日夜になって土一揆の蜂起がみられた（『実隆公記』『後法興院記』『蔭凉軒日録』）が、四日細川軍の手で鎮圧された（『後法興院記』）。文明十八年といい、長享二年といい、いずれも細川政元の被官たちが土一揆の中で行動していることが分かる。

被官による一揆

文明十七年、同十八年、長享二年の土一揆にかなりはっきりとみられるように、細川政元など大名の被官が土一揆蜂起の中で中心的ともいえる役割を果たしていることが窺える。これまでみてきたように、足軽や悪党と同一視できるような土一揆の性格が、この時期の土一揆にはかなりあからさまにみえるのである。こうしてみると文明十二年の土一揆の際にみられた山科七郷住民や、京都住民の土一揆と一線を画した対応も、自然に理解できるのではないか。いかに歓迎すべき徳政を土一揆が呼号するとしても、その正体は、応仁の乱中に悩まされた足軽など雑兵たちがかなりの部分を占める集団とあってみれば、土一揆への対応は慎重の上にも慎重にならざるを得ない。

応仁の乱が終わってみれば、足軽、雑兵たちの稼ぎ場であった戦場はとりあえずなくなってしまった。そうなれば生き残りのための戦いは京都の土倉、酒屋へと向かわざるを得ない。こうして乱前と同様の土一揆頻発がみられることになる。京都住民や近郊住民はこうした事態に、なんらかの形で対処しなくてはならないだろう。そして京都および近郊住民にとっての、生き残りをかけた努力がこの後の時代、少しずつみえてくるようになるのである。以下この点をも注視しながら、土一揆の歴史を追ってみよう。

防衛体制の進展

土一揆と細川政元

延徳二年（一四九〇）三月十七日夜、土一揆が蜂起し、北野社および千本釈迦堂に閉籠《へいろう》した（『北野社家日記』）。この一揆の大将は河頬、上山、渡辺源五、それに清閑寺承仕《しょうじ》越前という者たちだったという（『北野社家目代日記』『蔭凉軒日録《いんりょうけんにちろく》』）。河頬・上山は細川氏一族上野元治の被官、渡辺源五は日野政資の被官だった（同上）。彼らは京都の所々を徘徊《はいかい》し、本圀寺《ほんこくじ》坊中に放火した（『後法興院記』）。十八日に幕府は土一揆討伐命令を発する（『北野社家日記』）。十九日には土一揆が京都のあちこちで放火し、六条道場（歓喜光寺《かんぎこうじ》）が炎上した（『蔭凉軒日録』）。

二週間ほど前から土一揆蜂起の噂は流れていた。三月四日、細川政元《まさもと》が明日から物詣《ものもうで》に出かけるので京都を留守にするとの情報が伝えられたため、「京中悪党」つまり土一揆が蜂起するとの噂があり、北野社祠官松梅院の家族の女性たちが京都の外に避難していた（『北野社家日記』）。果たして土一揆は蜂起したのである。留守を預かる政元被官安富元家が将軍の命令に対し、復命すべきこと、ただし摂津にいる主人の政元に問い合わせ、その返答により行動に出ることを回答した。

この時摂津にいた政元から中沢・荻野という二人の使者が安富のもとにやってきて、一揆の張本人を探るよう要請した。安富が探索した結果、前述の河頬・上山・渡辺の名が浮かび上がった。ところが中沢・荻野が言うには土一揆のほうから政元のもとに伝えて来た大将の名前と同じだという（『蔭凉軒日録』）。前述のように、土一揆は将軍への訴訟を建前として行動していた。恐らくその一環としてであろう、蜂起する一方、幕府の大立者である政元とも折衝《せっしょう》し、接触を保っていたことが窺える。土一揆と武家被官とのつながりはこうした点からも窺うことができる。

二十一日、安富元家の率いる細川勢をはじめ、幕府の討伐軍は北野社を包囲した。このまま幕府軍が攻撃を開始すれば、立て籠もった土一揆は北野社に放火することになる、と北野社側は交渉のため、攻撃をしばらく延期するよう要請した（『北野社家日記』）。幕府軍

図７　北野天満宮

の北野社包囲がしばらくの間続いた。ところが摂津の政元から派遣された中沢・荻野の二人が「時日を移さず」直ちに攻撃を開始するよう要請したので、安富軍は北野社に突入し、大将分をはじめ一六人を討取った（『蔭凉軒日録』）。一揆の放火により北野社は炎上し、三〇人近い一揆勢が自ら火中に身を投じて死んだ（同上）。

一揆の放火により拝殿が燃え盛るなか、北野社の神官や宮仕《みやじ》たちが神体を運び出し、松梅院に避難させた（『北野社家日記』）。ところが宝成院明順が、この功績は自分ひとりのものと申し立てたことに松梅院被官や宮仕たちは反発し、幕府の社家奉行松田長秀に全員の力によるものと訴えている（同上）。さらに翌二十二日、足利義視《よしみ》にも訴えでたので、この訴訟を受理した松田長秀は、将軍による糺明《きゆうめい》を約束している（同上）。

将軍の討伐命令

延徳二年の土一揆の経過には、いくつか注目すべき点がある。細川政元が京都を留守にして摂津にいたにもかかわらず、将軍の命令に応じて敏速に鎮圧を指示したことが、まず注意を引く。しかも政元は一揆側からも接触を受けていたのだが、なんらこれを顧慮した形跡はなく、土一揆鎮圧の姿勢は一貫していた。文明十七年（一四八五）の土一揆の際には、館の前で土一揆を閲兵していたことは前述のとおりである。これに対して今回は方針を百八十度転換させた、と直ちに判断することはできないが、将軍の討伐命令を尊重したことは確かである。

同じことは他の武将にもみられる。この土一揆の大将格には上野元治の被官が二人いた。ところが元治は断乎として土一揆を討伐したらしい。一揆が鎮圧された後の三月二十七日、上野元治が土一揆を厳しく討伐したので、残党がまた与党を率いて今度は内裏に閉籠するとの噂が流れたため、幕府に御所の警固が要請された（『実隆公記《さねたかこうき》』）。主人や幕府が訴訟をうけつけないのなら、次は天皇へ訴えるのではないか、という予測がこの噂の背景なのであろうが、幕府配下の大名や武士たちが、土一揆にかかわる被官たちに対して、それほど甘い顔を見せなくなった、という状況がみられるように思われる。

さらに北野社の神体を守った北野社の社官たちが、功績を幕府に主張している点も注目される。土一揆との対応が功績として幕府に認証されるようになっていることが予想されるからである。土一揆討伐に関しての戦功による将軍の恩賞は、単に幕臣だけの問題ではなくなっていたと想像される。この年の九月、土一揆の大将上山を討取った功績で、土倉の野洲井宣助《やすいせんすけ》は幕府から課せられる臨時の土倉役を一代の間免除されている（『蜷川家文書』）。先にみたように北野社に向かったのは細川勢をはじめとする幕府軍であった。これに京都の土倉も従軍し、恩賞をうけているのだとすれば、将軍の命令により京都住民もまた土一揆討伐にしたがっていたと考えられる。

同じ延徳二年の閏八月、再度土一揆は蜂起した。京都の方々で早鐘が鳴らされた（『実隆公記』）。土一揆に対処する京都住民のネット・ワークが形成されていることが窺える。事実このあと酒屋・土倉は土一揆に一献料《いっこんりょう》（示談金）を支払って退散させてしまったが、その金額の負担は京都の酒屋・土倉など住民に割り当てられた。町の早鐘を聞いた三条西実隆《さねたか》は、また土一揆の襲来かと思ったが、この鐘は、負担を割り当てるために住民を召集する鐘だった、と日記に記している。ここでも住民による土一揆対処の体制が整備されつつあることを窺うことができよう。

今回の土一揆の大将は内田弾正の子で内田弥五郎というものであり、細川政元の被官であった。鹿笛《しかぶえ》が上手で政元の寵愛をうけ、自ら土一揆の大将を望んで任命されたという（『蔭涼軒日録』）。細川政元、その被官、その被官に率いられる土一揆という構図がみえてくる。一揆は釈迦堂に立て籠《こ》もり、鐘を撞《つ》いたがすぐに退散した。細川政元の命令で退散したのだろう、と噂された（『北野社家引付』）。九月十三日になり、また嵯峨谷に土一揆が立て籠もったが、政元の命令で主だった家臣たちが討伐することになり、北野社に対しても、これに合力するための人数を出すよう上原元秀からの要請がなされている（同上）。

十月にも土一揆の蜂起がみられ、十四日には向日《むこう》神社への結集が伝えられたが、十六日には退散した（『雅久宿禰記《まさひさすくねき》』）。東寺では細川政元被官の薬師寺元長の軍勢に応援を求めている（『廿一口供僧方評定引付』）。この秋から冬にかけての土一揆にも、政元の一貫した土一揆鎮圧への姿勢と、幕府と寺社を含めた住民との、一体となった対処をみることができる。延徳二年に至っていきなりこうした動向が生じたわけではないだろうが、幕府、幕府家臣、京都住民の連繋した土一揆への対処が目立ってくる点で、この年の土一揆は注目さ

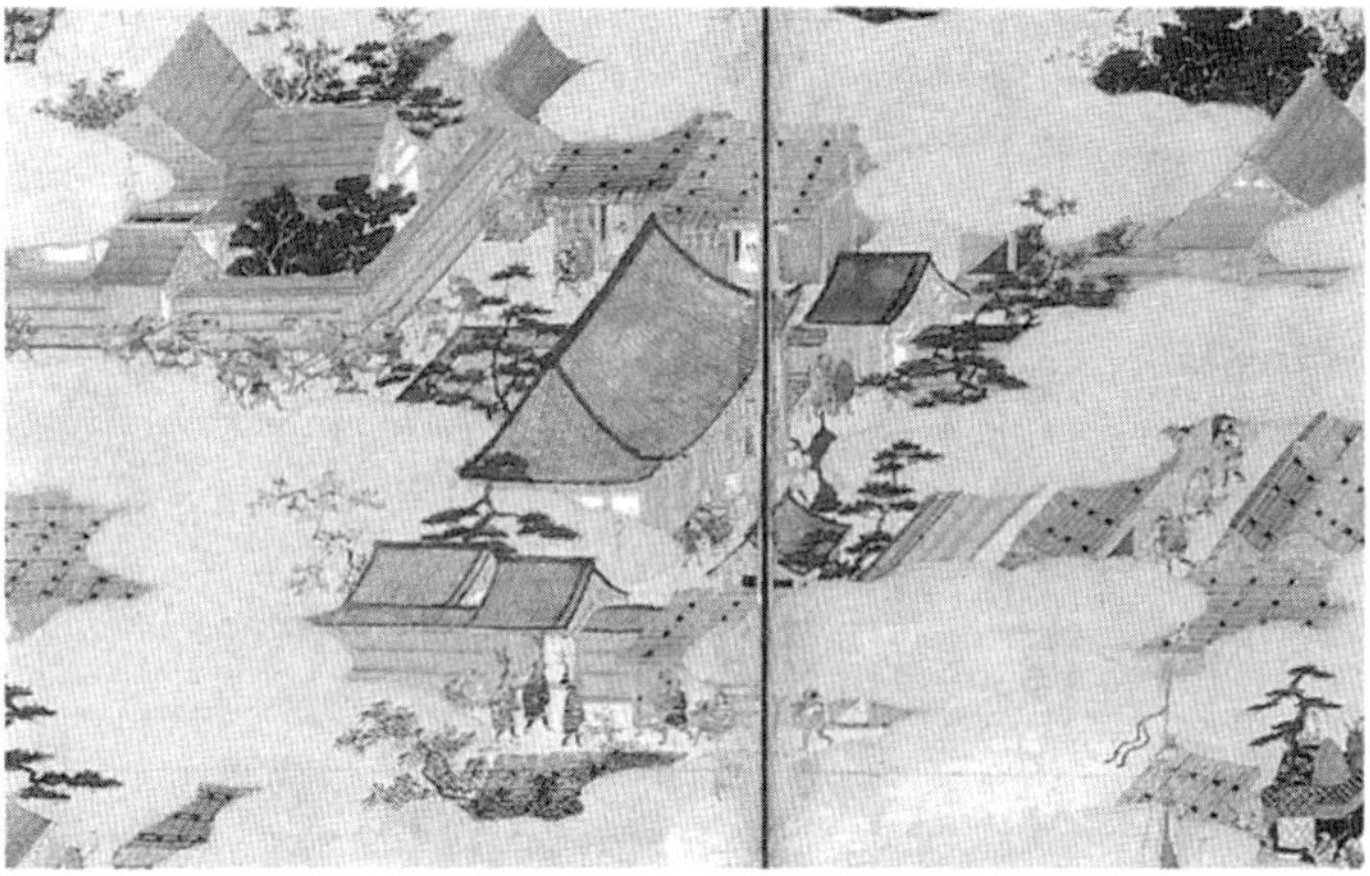

図8　六角堂（『洛中洛外図屛風』上杉本，米沢市〈上杉博物館〉所蔵）

れるのである。

住民の自衛・幕府との連繋

京都住民の防衛体制を窺わせる史料はこのあと頻繁にみえるようになる。明応二年（一四九三）八月に土一揆が蜂起した時には上京の革堂（行願寺）と下京六角堂（頂法寺）の早鐘が撞き鳴らされている（『晴富宿禰《はれとみすくね》記《き》』）。革堂の鐘も六角堂の鐘も、それぞれ上京住民、下京住民を召集する鐘である。土一揆蜂起に対応して住民たちが防衛体制をとっていることが窺える。

明応四年十月の土一揆蜂起の際には、細川勢と土倉勢が出陣し（『言国卿《ときくにきょう》記《き》』）、土倉勢に京都住民が加わって土一揆と戦った（『後法興院記』）。当初は土倉方が劣勢となり、徳政強行は必定とまで噂されたが、その後の合戦で土一揆側が、数百の首を取られるという敗退を喫し、徳政は行なわれないとの観測がなされるようになった（『大乗院寺社雑事記』）。その後土倉勢らは攻勢に転じ、土一揆の出撃した在所に発向した（『後法興院記』）。明応六年十月の土一揆蜂起についても、土倉・酒屋の軍勢が討伐に出撃し（『実隆公記』）、まもなく土一揆は退散している（『後法興院記』）。

以上のように京都では住民の危機管理体制や、特に土倉らを中心に幕府と連繋した軍事力が、土一揆防衛のために機能していることが分かる。そして前将軍足利義稙《よしたね》が上洛するために越前を出立したとの噂が流れ、緊迫した政治情勢の中で蜂起した明応八年の土一揆の際には、幕府、京都住民、および近郊住民らが、土一揆に対し、どのような手立てを講じたかがかなり具体的に知られる。

明応八年（一四九九）九月初旬に畠山尚順《ひさのぶ》勢が政元の領国摂津に進出した（『大乗院寺社雑事記』）。尚順が攻め上るらしいとの情報に京都では、細川政元以下幕府の面々が将軍身辺や内裏の防備を固める（同上）。そうした情勢の中で、六日に土一揆が京都付近の如意《にょいが》嶽《たけ》に結集したが、安富、薬師寺ら政元の家臣たちが発向して追い払った（『後法興院記』）。既に八月下旬から土一揆蜂起の風聞があった。建仁寺《けんにんじ》より注進をうけた幕府は、建仁寺に対し堀を掘るなど防衛施設を準備するよう指示している（『祇園社記』）。九月三日頃、京都は土一揆の噂に揺れ、鹿苑院《ろくおんいん》では門前に要害を造り、寺僧が防衛のため集結し、幕府軍も援護のために派遣されている（『鹿苑日録《ろくおんにちろく》』）。土一揆蜂起後の十三日、福枝の八幡山に土一揆が立て籠もったが、鹿苑院では地下人《じげにん》に命じて討伐させた（同上）。村民も土一揆と戦うだけの軍事力を備えていたのである。十四日にも京都周辺の各地で土一揆の動きがみられた（同上）。

こうした情勢に追い討ちをかけるように十八日頃、越前国にいた義稙が近日上洛するとの噂が流れ、京都を恐怖に陥れた（『後法興院記』）。二十六日には京都の北口・西口を土一揆が封鎖し、二十八日には安富元家が将軍の馬廻衆や若狭国守護武田氏の軍勢などの援護を得て土一揆と交戦している（同上）。

防衛と政治交渉

上にみたような幕府軍の動向は必ずしも在地に安全のみをもたらしたのではない。幕府軍の討伐を目前にして鹿苑院では、領地の松崎・福枝が土一揆討伐の余波をうけて蹂躙《じゆうりん》されることを恐れ、討伐軍が土一揆と交戦している二十八日に幕府から制札を受けている（『鹿苑日録』）。土一揆を討伐する幕府軍が、必ずしも諸手をあげて歓迎するような存在でないことは、これまでみてきたとおりである。土一揆に対して醒めた目による冷静な対応をしていた村は、共に連繫して土一揆を防衛すべき幕府軍に対しても、やはり醒めた目による現実的な対応をしていた。

二十九日には、畠山尚順討伐に河内に向かった畠山義英《よしひで》方が多数討死したとの情報が入った（『後法興院記』）。そのせいか、土一揆の勢力は依然衰えをみせず、十月一日には狐坂に陣したので幕府軍が討伐した（『鹿苑日録』）。三日には御霊口で土一揆が放火する（『後法興院記』）。この日、北野社へ馬場の地下人が注進してきた。土一揆が北野社へ侵入するらしいが、そうなれば放火したり、掠奪、破壊などが行なわれることは必定である。当方としては、これを避けるために示談金を出すとの条件で土一揆の大将と交渉したいが、北野社の神官・宮仕の方々が賛同して下さるなら、費用を御援助いただきたい。また人夫を出すよう要求された場合には若衆を出すつもりであるが、後日幕府から譴責《けんせき》されるのは迷惑至極なので、その対処をなされたい、と（『北野天満宮史料・目代《もくだい》日記』）。

これに対して北野神社の社官松梅院は次のように回答した。費用の援助はできないが、人夫については、土一揆が狼藉《ろうぜき》に及ぶようなら、若衆の一人や二人は出してもよい。もし細川政元殿からお咎《とが》めがあった場合には、松梅院自身が申し開きを引き受ける、と（『北野天満宮史料・目代日記』）。荘園領主の北野社家と地下の馬場との連繫した土一揆への対応がみられる。長禄元年（一四五七）に京都の山科で、領家の山科家に土一揆に味方して徳政に加わるかどうかを打診したことが思い出されよう。幕府も土一揆も両天秤にかけたうえで、どのような対応をするか、このような決断を迫られた村にとっては、荘園領主も大事な拠り所だったのである。

土一揆への「適応」

町や村の住民の、幕府、土一揆、そして土倉などに対する行動様式をみてくると、土一揆に対する単なる防衛とみることはできない。幕府軍と連繋しながら、自分たちの村を守るために幕閣への政治工作や、幕府軍の雑兵に対する手立ても忘れない。基本的には土一揆への防備を固めながら、単に戦うだけではなく、時には土一揆と交渉し、情勢によっては礻談金を払い、兵粮《ひょうろう》徴収や人夫徴発に応じる。土倉に対しても土一揆が徳政を強行した時には債務破棄に押しかけるものの、債務額の何分の一かを払うなど将来の関係にも配慮している。一見無原則で玉虫色にみえる彼らの対応を、筆者は土一揆への「適応」と呼ぶことにしたい。

戦乱の時代、彼らは土一揆にしたがって幕府や権力者とことを構えるような道を選ぶことはまず稀《まれ》であった。町や村から去り土一揆に身を投じた流民《りゅうみん》たちとは、明らかに一線を画した行動を取った。だからといって、土一揆討伐を行なう幕府に全面的に信頼を寄せたのでもない。討伐に向かった幕府軍が敗れた場合、どのような土一揆の蹂躙を受けるかは十分に知っていたし、幕府の軍勢でさえ掠奪、殺人、破壊など深刻な災いをもたらすものであることも身にしみて知っていたからである。言い換えれば幕府からも土一揆からも、解放されるなど彼らにとっては思いもよらないことだったのではなかろうか。

自分たちの力ではどうすることもできない幕府や土一揆という存在と、いかに対応していけば生き残れるのか、町や村の住民たちの関心はここにあったと考えられる。したがって土一揆の洗礼に曝《さら》されながら、彼らが鍛えていったのは、幕府や土一揆との共存の仕方、すなわち「適応」の仕方であったと思われる。「適応」という言葉を用いるのは、彼らの行為が戦闘、抵抗、防衛、和睦、服属などのいずれをも含むと同時にいずれとも異なるからである。前線で武器をもち、全存在を戦さの勝敗にかける戦士の行動様式ではなく、むしろ戦さだからといって日常を離れるわけにもいかず、敗北したからといって死ぬわけにもいかない、いわば銃後の生活者の行動様式だからである。権力に対して敢然と蜂起するような、華々しい行動ではない。しかしこうした「適応」の果てに自治を基軸とした村・町体制が成熟していったことも留意しておかなければならないことではないだろうか。

十月五日、槙島《まきしま》から上洛した細川政元被官の赤沢宗益が土一揆を鎮圧した（『後法興院記』『鹿苑日録』)。鎮圧軍が、京都郊外の石蔵・長谷に政元方から発向するとの噂があったが発向は行なわれず、石蔵で土一揆の大将二人とそのほか四、五人を討取り、その首を政元へ引き渡した(『後法興院記』)。翌日にも石蔵・長谷に政元方から発向するとの噂があり、近衛政家は防衛のため人数を派遣したが、発向は行なわれなかった(同上)。十一日に幕府は東寺に対し、土一揆の張本人らが立ち帰った場合、誅罰するか捕縛するかを境内に指示するよう命じ(『東寺百合文書』六芸数一二)、十一月七日にも土一揆の再蜂起について、領内に取締りを指示するよう命じている(『東寺百合文書』ニ一一七)。

永正元年の土一揆

永正元年(一五〇四)、土一揆が京都で蜂起したのは九月七日である(『宣胤卿記《のぶたねきようき》』『二水記《にすいき》』)。四日に細川政元家臣薬師寺元一の主君に対する謀叛が露顕して、元一は淀藤岡城に走り、六日には細川勢が淀の元一に味方する西岡衆の「神谷」(神足《こうたり》)城を討伐するために出陣する(『実隆公記』『宣胤卿記』『後法興院記』)、という騒然たる状況の中でであった。

京都は、資財や雑具を運び避難する者たちでごったがえし、東方に逃げる男女は数知れないというほどの混乱となった(『宣胤卿記』)。また侵入する敵を含め、京都で跳梁《ちようりよう》する軍勢から身を守るために内裏《だいり》へ避難する京都住民もいた(同上)。この時代、天皇の権威、あるいは摂関家や有力寺社などの権威が、軍勢の暴虐から身を守る有力な手段だったからである。たとえば永正十七年（一五二〇）三月、阿波国から上洛した細川澄元の軍勢が入部するというので、京都郊外の伏見庄住民は、領主の伏見宮貞敦親王に在地への下向を要請している（『二水記』）。また文亀元年（一五〇一）から永正元年までの間、前関白九条政基《まさもと》が領地の和泉国入山田村に在住していたことは、入山田村に守護細川氏の軍勢の侵入を防ぐ、重要な要件であった（『政基公旅引付《まさもとこうたびひきつけ》』）。

ところが、薬師寺元一討伐の軍勢を派遣しながら、九月十一日に幕府はいち早く徳政令を発してしまう（『二水記』『拾芥記《しゅうがいき》』）。十二日には人々が土倉におしかけ、質物を取り始めた（『二水記』『後法興院記』）。その一方で幕府は十四日、京都近郷の村々の名主・沙汰人らに対して「半済」すなわち年貢を半分免除することを条件に幕府政所執事伊勢貞宗の指揮のもと、従軍することを命じた（『八坂神社文書』）。こうして十七日、細川勢をはじめ幕府の軍勢に「近郷土一揆数千人」が従って淀へ向け出陣した（『後法興院記』）。もっとも幕府方は総勢千余人との、『二水記』の証言もある）。中御門宣胤《のぶたね》は政元被官の香西又六が近郷の土民に「半済」を契約し、下京住民にも地子《じし》免許を条件として出陣させた、と記している。

既に十六日、西岡衆を率いる四宮らが籠城する「カウ谷」（神足）城は落ちていた。四宮らは敗走し、淀城に逃げ込んだらしく、淀城で自殺している（『実隆公記』『二水記』）。幕府軍に加え、京都住民や近郊住民の「土一揆」に攻撃された淀藤岡城は二十日に攻略され、元一は捕虜となり、京都には首実検のために一一四の首（一説には六十余）が上《のぼ》せられた（『宣胤卿記』）。翌日元一は切腹し、反乱は終息した（同上）。

二つの徳政令

ところで京都における土一揆の蜂起はその後も続いたらしく、二十八日にも土一揆が「路次の物忩《ぶっそう》」を行なっているとの情報もある（『宣胤卿記』）。また徳政を理由とした質物奪取は二十五日頃にもみられた（『実隆公記』）。こうした情勢にかんがみてであろう、十月二日に分一《ぶいち》徳政令が発布され、債務額の十分の一を幕府に納入したうえで、「神物《しんもつ》」、永代売買地、「永代売寄進地」「祠堂銭」を除き、年期売地、本物返《ほんもつがえし》売地、借銭、返済期限以前の土倉質物《どそうしちもつ》については徳政が認められた（『蜷川家文書』）。

幕府がまず九月十一日に徳政令を発し、ついで十月二日には適用条件の整備された徳政令を発したことが知られる。同様のことが著名な嘉吉《かきつ》元年（一四四一）の土一揆の際にも行なわれたことは既にみた。嘉吉の場合には、あるいは徳政令発布に慣れていなかった幕府が、詳細な適用条件を検討しないまま、まず徳政令を出し、その後に整備された徳政令を出したと想定することも可能かもしれない。しかし永正元年十月二日のものは、これまで幕府が発令してきた徳政令と大同小異であり、幕府に発令の準備がなかったとはとうてい考えられないものである。

幕府は明らかに二つの徳政令を使い分けていると考えられる。九月十一日には、薬師寺元一の反乱に便乗した土一揆を鎮静させる取引として、いわば戦略的に発令したものであり、十月二日のものは最初の徳政令によって京都および周辺住民の中に生じた混乱を収拾するためのものとみることができよう。嘉吉の場合も同様に考えられる。そもそも十五世紀初めに既に「公家・武家の土一揆等徳政」が知れわたっていたのに、幕府に発令の準備がなかったとは考えにくい。嘉吉元年の場合も最初の、九月十二日の徳政令は土一揆との交渉で発令され、閏九月十日の徳政令は京都などで生じた混乱を収拾するために発令されたと考えられる。

既にみてきたように、土一揆は武士たちにより動員されるものも多く、その旗印である徳政も、動員のために呼号されることが珍しくなかった。とすれば、幕府が徳政令を出すことは土一揆の結束要件を消滅させ、逆に幕府側へ組織する効果をもっていたことも予想される。こうした性格をもつ徳政令も幕府によって発令されていたのではないだろうか。そしてこれはよく知られる、詳細な適用条件を記したものとは別物であったように思われる。

一方で幕府によって、京都住民や近郊住民が戦争に動員されたことも見逃すことはできない。幕府の手により、京都近郊の村々の住民は「半済」の恩典を条件に「名主・沙汰人」ら指導者に率いられて村ぐるみで土一揆として蜂起し、薬師寺元一を攻略するために戦場へ向かった。京都住民も地子免許の恩典のために同じ軍勢に従軍した。幕府の動員力は、京都とその周辺に関する限り、村民の一揆を動員する戦国大名なみのもの、とみることができる。

一般に幕府の権威は応仁の乱以降失墜したといわれる。たしかに幕府の威令が日本の各地に及ばなくなっている事例を見出すことはむずかしくはない。しかし一方で、京都およびその周辺の住民たちが、治安の悪化に対処するために、幕府の権威をてがかりにしようと試み、場合によっては従軍さえも受け容れていることも確かである。土一揆の洗礼をうけるなかで幕府を担ぎ出した住民の防衛態勢も整備されていったと考えられるのである。

住民の自衛・将軍の天下

住民自治の進展

十五世紀末から十六世紀初めにかけてみられたのは、土一揆来襲に対処する京都住民の自衛体制が目だってきたことであった。まず土一揆と十分太刀打ちできる、土倉などの軍勢、そして革堂（行願寺）の鐘、六角堂（頂法寺）の鐘にみられる住民の臨戦態勢などである。さらに住民の上に将軍や幕府の軍勢が、自治・自力の住民集団を動員し、治安を維持する役割を負って君臨するようになったことも注目される。十五世紀前期から京都では侍所と「町人」すなわち町衆《まちしゅう》との連繫によって検断が行なわれていたが、幕府と住民との結びつきは十六世紀になって、幕府による動員や恩賞の付与にみられるとおり、よりいっそう進展したことが窺《うかが》える。以下これらの点をさらに具体的にみてみよう。

第一になんといっても目だつのは京都住民の軍事力である。永正五年（一五〇八）年二月、京都で土一揆が蜂起した時には、下京の土倉たちが追い散らした（『拾芥記』『元長卿記』）。大永七年（一五二七）十一月から翌八年正月にかけて京都の町衆たちが、侵入してきた三好元長、柳本賢治の軍勢の蹂躙《じゆうりん》から、実力行使によって町を守ったことが知られている。十一月には一条畳屋と行事官宗岡行賢邸へ乱入した軍勢を、蜂起した上京衆が追い返した（『言継卿記《ときつぐきようき》』）。十二月には浄土寺殿へ兵士が打ち入ったとの情報に、上京・下京の住民が大挙して馳《は》せ参じ、侵入を阻止し（同上）、上京柳原の大森という住民の所へ侵入したとの情報には鐘が撞《つ》かれ、住民が馳せ向かっている（同上）。翌八年正月には正親町実胤《おおぎまちさねたね》邸で樹木を伐採しようとした兵士を住民が追い返した（『実隆公記《さねたかこうき》』）。

もっとも、大永七年十一月から翌八年一月にかけての住民の行動は、将軍足利義晴《よしはる》の存在を考慮する必要があるだろう。三好・柳本の軍勢が京都に乱入したため、いったん京都を出奔《しゆつぽん》した義晴は、大永七年十月に京都に戻り、翌年五月まで在京していた（『二水記』）。鷲尾隆康は義晴が京都に不在だった五月に、義晴が出奔してしまった上、対立する阿波公《く》方《ぼう》足利義維《よしつな》もまだ入京せず、京都は将軍不在であるために盗人風情が跳梁《ちようりよう》し、まるで

「天下滅亡の体たらく」である、と述べている。治安を維持すべき京都住民の、自力の防衛活動が、住民に恩賞を与え、動員を促す将軍の存在にかなりの程度依存していることを窺わせる感想といえよう。天文元年（一五三二）の土一揆の際にも、こうした将軍の力が発揮されるのである。

「土一揆」との戦い

享禄五年（一五三二、七月末に改元して天文元年）七月二十三日、京都で土一揆が蜂起するらしいとの風聞があるから、忠節を尽くすようにとの将軍足利義晴の命令が、京都にある法華宗の有力寺院本満寺に伝えられた。京都近郊で郷民の動きがあったわけではない。当時、将軍義晴は京都に入れず、六角定頼を頼って近江国に亡命していた。一方、三好元長の擁立する細川晴元、阿波公方足利義維が堺におり、京都は晴元の家臣である柳本賢治や木沢長政が勢力を張っていたのである。その中で噂された「土一揆の蜂起」とは、山科本願寺が細川晴元と対立し、奈良で起こった本願寺門徒の蜂起が京都に波及してくるかも知れない、ということであった。

京都には法華宗の信徒が多く、法華宗寺院の影響力は強い。八月に入り、法華宗徒を中心とした京都住民は、柳本賢治の率いる軍勢とともに「打廻り」すなわち軍事的示威行動を行なって山科本願寺攻撃の姿勢を明確にし、洛外の「一向堂」（一向宗の寺院）を焼払った（『二水記』）。本願寺の動員する一向一揆と細川晴元との戦いが堺を中心に繰り広げられた。近江の六角定頼も本願寺攻撃のため、近江坂本に軍勢を派遣する（『尚通公記《ひさみちこうき》』）。八月十七日には京都の渋谷《しるたに》口で本願寺勢と法華宗徒を中心とする京都住民の軍勢が衝突し、本願寺勢を打ち破った（『二水記』『経厚法印記《きょうこうほういんき》』）。さきほどの本満寺には、この日義晴の感状（部下の戦功を賞するための文書）が下されている。

八月二十四日、柳本勢や六角勢、および日蓮宗徒を中心とする京都住民などが、山科本願寺を焼討ちし、本願寺住持証如《しょうにょ》らは、大坂へ退去した（『尚通公記』『二水記』『私心記』など）。攻撃軍は京都勢が三、四万、そのうち多くは法華衆であり、「武士の衆は小勢」だったという（『二水記』）。本満寺には義晴から御内書が下され（『尚通公記』）、十月には「一揆等退治」の忠節により、軍勢などの「寄宿」を免除する特権が幕府から付与されている（『本満寺文書』）。

その後、細川晴元と本願寺の動員する一向一揆との戦いは畿内《きない》で続いた。こうした騒然たる政治情勢の中で十二月、京都北山で土一揆が蜂起した（『尚通公記』）。これに対して土倉方は町衆を動員し二万人ばかり（『実隆公記』によると一万人）の軍勢で迎撃し、追い払ったうえ、逆に土一揆の張本人の在所を放火した（『二水記』）。京都住民が侮《あなど》れない軍事力をもっていたことが知られる。法華宗徒は、こうした戦い以外にも、細川晴元に味方して一向一揆との戦いに軍勢を派遣しており（『于恒宿禰記《ゆきつねすくねき》』など）、その勢力のほどが窺われる。住民の軍事力として法華宗徒とのかかわりも考慮しなくてはならないだろう。

将軍の天下

以上の経緯をみるとまず、京都住民が土一揆蜂起に備えて相当の軍事力を動員できたことが知られる。また山科本願寺を焼討ちした後、一向一揆と細川晴元との戦いが続き、京都から軍勢が動員される九月にも、京都町衆は連日、上京の革堂の鐘、下京の六角堂の鐘を鳴らし、集会をしていた（『二水記』）というから、町衆の自衛態勢も十分に機能していたことが窺える。

それとともに将軍の影響力も考慮すべきであろう。「土一揆が蜂起するかもしれない」すなわち山科本願寺が敵対する、との風聞に動員令を出したのは、近江に亡命中の将軍足利義晴であった。その命令が総勢三、四万のうち多くの部分を占める京都住民を動員することができたのは紛《まぎ》れもない事実である。大永七年（一五二七）末から八年初頭にかけての、町衆の自衛活動も、将軍の存在が大きいと思われることは前に述べた。山科本願寺への攻撃が行なわれた翌年の天文二年（一五三三）、山門の横槍によって、京都住民の祭りである祇園祭が中止のやむなきに至ったことがあったが、京都住民はせめて山鉾《やまほこ》巡行を挙行したいと祇園社に訴え、祇園社では近江の義晴に伺いを立てている（『祇園執行日記』）。近江亡命中でありながら義晴は依然、京都住民の訴訟を裁く裁定者であった。

こうした住民との関係で、将軍は京都住民に動員令を出すことができたのである。最後の室町将軍足利義昭が、織田信長と対立するに至り、京都二条御所に籠城した際、義昭方には軍勢がいないので、町人に京都の口々を守らせた、との伝承がある（『老人雑話』）。イエズス会宣教師のルイス・フロイスも、京都の「市民」が武器をとって京都の口々を守った、と報告している（『耶蘇会士日本通信』一五七三年五月二十七日フロイス報告）。将軍は京都住民を動員する力を有していた。住民の自衛体制を基礎にして、将軍の権威が神輿《みこし》のように担ぎ上げられていた、と考えることができる。

将軍の権威は十六世紀には衰退した、とは通説の述べるところであるが、「天下」と呼ばれる地域は別だったと考えられる。通常「天下」とは日本全国のことと考えられがちであり、この時代にあっても「天下」の語をそのように用いる例がなくはない。しかし将軍の支配する「天下」とは、この時代には京都を中心とする畿内を指したと考えられる。イエズス会宣教師のガスパル・コエリヨは一五八八年の「日本年報」で「天下とは日本の主権のことである。都および周辺の支配権を握ることをそう称する」と述べている。

だからこそ上杉謙信は、将軍足利義輝が暗殺された時に、天下の治安を回復すべく永禄九年（一五六六）「天下へ上洛」を企てたのであった（『上杉家文書』）し、足利義昭を擁立した織田信長は「天下布武」すなわち「都および周辺」の治安の回復を呼号して、上洛したのである。「天下」と呼ばれる地域は、将軍の支配権の下にいちおうの秩序を保ち、都については将軍の権威の下に、京都住民の自治に支えられた治安維持の体制が整備されていたと考えられる。少なくとも京都およびその周辺住民と将軍との関係に関しては、このようにみるほうが事実に近いように思われる。

十六世紀の土一揆

もちろん十六世紀になっても土一揆が蜂起した結果、幕府により徳政令が発せられるという事態になった例もある。いかに将軍を頂点とする治安体制が整備されたとしても、戦乱の時代に総《すべ》ての土一揆の企てを封じ込めることなどできるはずもなかった。これまで知られている限りでも、土一揆蜂起の結果、徳政が行なわれたのは永正十七年（一五二〇）、大永六年（一五二六）、天文十五年（一五四六）、永禄五年（一五六二）、元亀元年（一五七〇）などの場合があげられる。

これらはほとんどが中央の政権における権力闘争によって、京都の政情が不安定になった時に起こった事件であった。

たとえば永正十七年は、足利義稙《よしたね》のもとで実権を握る細川高国が、阿波国から攻め込んできた細川澄元・三好之長《ゆきなが》との戦いに敗れ、いったん京都を出奔する、という状況の中でのことであった。大永六年も、細川高国が、丹波の波多野稙通《たねみち》、柳本賢治を討伐するために派遣した細川尹賢《ただかた》の軍勢が敗北した、という政治的事件のさなかでの土一揆の蜂起である。天文十五年は、細川晴元と細川氏綱との抗争が進行するなかで土一揆が蜂起した。永禄五年は、幕府の実権を握っていた三好義興方の軍勢が畠山高政らと戦って敗れて山崎に退き、将軍足利義輝も八幡に出陣し、動員のため徳政令を発布する（『蜷川家文書《にながわけもんじょ》』）という事態に際して一揆が蜂起したものであった。元亀元年の場合も、足利義昭と義昭を擁立する織田信長に対し、義昭・信長から追放された三好三人衆が再度蜂起し、浅井・朝倉・六角など諸大名や本願寺がいっせいに加担する、という中で土一揆の蜂起、徳政令の発布に至ったものである。

こうした政情不安に乗じて土一揆が起こる、という事情は十五世紀と共通するものの、土一揆蜂起の頻度は表（三九ページ）にみるように格段に低くなっていることは確かである。もちろん現在の史料から知られる土一揆以外に、土一揆の蜂起がなかったと断定することはできないが、史料に残る痕跡の頻度は、現実に起こった頻度の目安とはなるだろう。

土一揆は、将軍の天下が、京都住民の自衛に支えられて整備されるにつれ、そうやすやすと京都を襲うわけにはいかなくなったとみることができよう。

訴訟としての土一揆

しかしこうした変化は土一揆の性格にまで変化をもたらしたわけではない。土一揆は十六世紀になっても十五世紀の最盛期と同じ特徴をとどめていたと思われる。たとえば大永六年十二月の土一揆は、訴訟によって幕府が「徳政の札」を打つに至らせたものであった。「丹波における波多野・柳本との合戦に幕府方が敗れたため、京都が混乱に陥ったすきをついて土一揆が訴訟したので、簡単に徳政令が出された」と醍醐寺理性院《りしょういん》の厳助《げんじょ》は記している。幕府が徳政令を発令したことに土倉はいっせいに反発し、幕府に集団で出向いて訴訟し、徳政には応じられないと主張した（『二水記』）。しかし幕府の発した分一《ぶいち》徳政令は結局京都住民の受け容れるところとなったようである。

天文十五年の場合は十月に数千人の土一揆が内裏《だいり》に押しかけて直訴《じきそ》を行なっている。この直訴は幕府の奉公衆や奉行のうち、一揆に頼まれた二、三人の者が指示してさせたものだとも噂された（『兼秀公記』）。一揆は、幕府が徳政令発布を許さないので迷惑している、是非天皇から幕府へ徳政を行なうよう仰せられたい、もしそれが叶《かな》わなければ、内裏に立籠り自害する、と訴訟した（『兼秀公記』『後奈良天皇宸記』『御湯殿上の日記』）。この直訴に慌てた内裏では天皇の前で会議が行なわれた。天皇が幕府に徳政令を促そうと思うがどうかと諮問したところ、勧修寺尹豊《かじゅうじただとよ》のように賛成する者と広橋兼秀のように反対する者の両者に分かれたという（『兼秀公記』）。

一揆の乱入を懸念する天皇に対し、広橋兼秀らが強く反対した。後代に悪しき先例を残し、また世上の嘲《あざけ》りを御思惟下されたい、一揆が乱入した場合は腕ずくでも追払うつもりであるというのがその言い分である（『兼秀公記』）。結局天皇の判断で、正当な訴訟なら白昼にやってくるべきであるのに「夜中の強訴《ごうそ》」をするとは狼藉千万であり、聞き入れるわけにはいかない、と一揆側に回答することに決した（同上）。この旨を、門を開かず、築《つい》地《じ》の上から一揆側に伝えると、一揆側も、もっともであると納得して退散したという（『兼秀公記』『後奈良天皇宸記』）。一揆が相当に高度な政治的駆け引きのできる指導者に率いられており、統制のとれた集団であったことを窺わせる。

武士との繋がり

この事件の翌日からは幕府は内裏に警固の武士を派遣した（『後奈良天皇宸記』『御湯殿上の日記』）。十一月に土一揆は再蜂起する。そして十一月十日に幕府は徳政令を発した。この時は伊勢貞孝被官の朽木某が、一条艮《うしとら》町まで出向き、土一揆大将の三井男に幕府の発給文書を手渡した（『兼秀公記』）。徳政令発布に際して非難の的となったのは将軍側近の親衛隊である奉公衆であった。土倉から防衛の依頼を受けて過分の礼銭をとりながら、全額受納すると今度は一揆の訴訟の取次を引き受けて一揆からも礼銭を取り、そのうえ一揆に交じって夜な夜な土倉を攻撃し、結局幕府から徳政の札を申し沙汰するとは「先代未聞の猛悪、沙汰の限り」というのが、彼らの評判だったからである（『兼秀公記』）。

この事件からは幕府に伝《つて》を求めて訴訟する土一揆の行動様式が知られるとともに、将軍の親衛隊である奉公衆までが土一揆とかかわりをもっていたという、興味深い事実が知られる。また奉行の中にも一揆側に通じている者がいると噂されるほど、幕臣と一揆とは密接な関係があったことも窺われる。なるほど土一揆が幕府への訴訟を旗印として組織されたのであれば、幕府の有力者と伝をもつのは自然であるし、その中で大名や武士の被官の役割が小さくないことも驚くにはあたらない。

十五世紀前期からの、相も変らぬ土一揆と大名や武士の被官とのかかわりも、このようにみればあまりにも当然のことであった。加えて自らも土一揆を組織してきた武士たちが十六世紀に至っても、依然として土一揆とかかわりをもっており、「土民」との縁を切りえなかった事情も窺える。

こうした経過から発令された徳政令だからであろうか、十一月十六日に幕府は徳政令に背《そむ》いて「質物の返還を拒否し、武力を動員し、町人を味方につけて、実力行使をする」者に対して、早く債権債務額の十分の一の納入により決着をつけるよう警告している（『蜷川家文書』）。結局のところ、大勢は十分の一の納入により、ある者は債権を確保し、ある者は債務を破棄する（『銭主賦引付』『徳政賦引付』等）という形で幕府の裁定に服した。それにしても、大永六年の場合といい、天文十五年の場合といい、京都住民が実力をたくわえるにつれ、幕府が徳政令を出しても、それほど簡単に徹底するわけではなくなったようである。住民の自治に依拠する幕府の宿命なのであろうか。徳政が大きな意味をもっていた時代が徐々に変わりつつあったのだろうか。

一揆の時代

土一揆と一揆

「百姓」「土民」の一揆

十六世紀なかばくらいから土一揆の語がみられなくなる。もちろん土一揆の実態がなくなったとは考えられない。元亀《げんき》元年（一五七〇）十月に、足利義昭を擁する織田信長に対し、三好三人衆に味方する浅井、朝倉、六角など諸大名、それに大坂本願寺などの勢力が反旗を翻すなか、京都で徳政を求める蜂起が起こったことは既にみたとおりである。

しかしこの蜂起は『言継卿記《ときつぐきょうき》』によると次のように叙述される。「西岡の一揆発《おこ》る。東の山下へ千人ばかり発向し鯨浪《とき》を揚げ、殊《こと》なることなくこれに打入る。武家として徳政行はると云々」と。すなわち徳政要求の主体が「土一揆」ではなく単に「一揆」と呼ばれているのである。既にみた天文十五年（一五四六）十月から十一月にかけての土一揆も、醍《だい》醐《ご》寺《じ》理《り》性《しょう》院《いん》厳《げん》助《じょ》の『厳助往年記《げんじょおうねんき》』以外の史料には、単に「一揆」と記されているし、永禄五年の事件に関する史料は管見の限りみな「一揆」となっている。

そしてこの頃になると、「一揆」を「百姓」のものとして描写する史料がみられるようになる。たとえば元亀元年に六角氏に味方した近江の本願寺門徒が織田信長に対して一揆を動員したことを『信長公記《しんちょうこうき》』は「江州にこれある大坂門家の者一揆をおこし、尾・濃の通路止むべき行《てだて》（軍事行動）仕り候へども、百姓等の儀にて候間、物の数《かず》にて員ならず」と、「一揆」など「百姓」風情の烏合《うごう》の衆に過ぎない、といわんばかりに記している。「一揆」は百姓のもの、という見方がこの時代広くみられたことが窺《うかが》える。

また天正十五年（一五八七）に豊臣秀吉が九州攻めを行なった際、その先鋒《せんぽう》として、黒田・小早川・吉川《きつかわ》らの軍勢が豊前国を攻撃したことを記した『陰徳太平記《いんとくたいへいき》』はその中で「豊前・肥後の敵城どもは、一揆の城なりとはいへども、土民にはあらず、皆国人《こくじん》どもなりけれど、一国の大将なく、皆各々に一城に在《あり》ける故、人これを一揆と称す」と叙述している。「一揆」といえば「土民」と見るのが普通だが、実はれっきとした侍なのに、しかるべき「一国の大将」が居ないために「一揆」と呼ばれた、というわけである。

ともに「一揆」とは「土民」「百姓」の行為であり、侍とは縁もゆかりもない、という、この時代の見方を示す事例といえよう。ところで現代の歴史学は、中世の一揆を、なにも「百姓」ら平民身分に限られることのない、上は大名から下は「土民」に至るまで、社会のあらゆる階層が行なった行為であることを明らかにしている。たとえば政治抗争が実力闘争に至ったような場合に大名たちが一揆を結成したりすることは、中世では珍しくない。現在知られているこのような中世の一揆の実態と、ここにみられるような、十六世紀後期の「一揆」観念とは明らかに異なっているのである。十六世紀後期になってこのような「一揆」の用語法が変容していったと考えられる。

土一揆から一揆へ

もともと土一揆は、既に十五世紀から単に「一揆」とも呼ばれていた。例えば文明十六年（一四八四）十一月に蜂起した土一揆について『蔭凉軒日録』は四日の記事で「土一揆が蜂起して東寺に陣した」と述べ、五日の記事ではその「一揆」が東寺に帰ったと記している。文明十八年九月の土一揆を記した『長興宿禰記』は「土一揆の悪党」が土倉・酒屋から掠奪したので、細川政元の軍勢が鎮圧に向かったところ、東寺に籠った「悪党の一揆」が放火したと記し、「一揆」の語をやはり土一揆と同様の意味で用いている。『永正十三年日次記』が永正十七年（一五二〇）正月の土一揆について廿三日の条では「昨晩近所で土一揆が蜂起した」と記す一方、翌々日の廿五日条では「また一揆が少々蜂起した」と記しているのも同様の事例といえよう。

大永六年（一五二六）十二月に徳政を求めて訴訟した集団になると既に単に「一揆」と呼ばれている（『二水記』『厳助往年記』）。天文十五年（一五四六）十月に内裏に押しかけ訴訟した土一揆を指すのに「土一揆」（『厳助往年記』）、「一揆」（『兼秀公記』『御湯殿上の日記』）が混用されたり、元亀元年十月の徳政を求める蜂起が単に「一揆」と記されているという、本章の冒頭に記した状況もこのような事情から生じたものといえよう。

即ち土一揆はもともと「一揆」の呼称を併せもっており、時代が降るにしたがい「一揆」の呼称が多用されるようになったとみられる。『続応仁後記』は宝永八年（一七一一）刊行の小林正甫の著作であるが、「近年は士民の徒党がしげく蜂起するようになり、皆土の字を略して単に一揆と呼んだ」と述べ、名称の変遷を指摘している点注目される。「一揆」といえば専ら土一揆を指すに至ったため「土一揆」の語が用いられなくなったのであろう。

天正十年（一五八二）六月、織田信長が滅びた本能寺の変の余波は、その家臣であった細川藤孝の領国丹後にも及んだ。佐野城の旧主であった佐野源五郎常次は、郷民を多数動員して佐野城に夜討をかけ、藤孝から抑えに派遣されていた長岡直次は切腹に追い込まれた。そして『細川家記』はこの「一揆蜂起の事」は宮津にも聞こえた、と記しており、郷民の動員が「一揆」と呼ばれている。本能寺の変の主役であった明智光秀が山科で郷民に殺されたことは有名な話だが、『多聞院日記《たもんいんにっき》』が「一揆に叩き殺された」と記しているのも同様のものといえよう。

十七世紀を迎えた慶長八年（一六〇三）十一月に、前年土佐に入国した山内一豊《かずとよ》に対して、反旗を翻した「本山一揆」は高石左馬助ら長宗我部氏の遺臣たちが滝山に籠城して始まったものである。高石左馬助は、近辺の在家に夜討をかけ、掠奪《りゃくだつ》を行なうとともに汗見川《あせみがわ》、大川内の二ヵ村へ「一揆の廻文」を遣わして動員したという（『本山一揆之覚書』）。ここでも村民などを動員することが、一揆と呼ばれていることが知られる。十五世紀の「土一揆」はたしかに「一揆」と呼ばれるようになっていたと考えられる。

十六世紀、戦場で侍たちは盛んに「一揆」を動員した。ほんの一例をあげれば、今川氏《うじ》真《ざね》は、永禄十二年（一五六九）十一月に平口七郎衛門という武士に対し「一揆を集め」奮戦したことを賞しているし（『平口文書』）、元亀二年（一五七二）十月には、三浦弥三という武士に対して、遠江国掛川に籠城したばかりか、山中で「一揆を催し」奮戦したことを賞している（『中村不能斎採集文書』）。これら「一揆」は村や町の住民が多くを占めていたと思われる。天正三年（一五七五）十月、武田氏は、戦場から避難していた駿府の商人衆に「帰参」を促し、帰参した者には普請役・郷夫役を免除し、人質を出すことも免除したうえ、「一揆」も免除している（『判物証文写《はんもつしょうもんうつし》』）。この時代に町人たちが「一揆」に動員されていたことが窺える。

「土一揆」という概念

従来の歴史学では、戦国大名や戦国武士が行なった、民衆の合戦への動員を土一揆とは見なして来なかった。土一揆はもっぱら徳政要求を主軸にして、村に住む民衆などが中心となって自発的に結成したものであり、なんといっても反権力的性格の強い、たとえば近世の百姓一揆にも擬《なぞら》えるべきものと考えられてきたからである。したがって戦国大名をはじめとする武士階層による動員に眼が向けられることはほとんどなかった。

しかし言葉の上からいえば、国人ら武士や山門など支配層に動員されたものも、徳政を求めるそれと同様に「土一揆」と呼ばれていた。この時代の人々は徳政を求める「土一揆」と武士など支配層に動員された「土一揆」とを区別してはいなかったことが窺える。言葉遣いからみる限り、徳政を求める土一揆と武士階層によって動員される土一揆とは区別がないのである。

このような言葉遣いは、とりあえずこの時代の人々の観念の問題ではあるが、日常語である以上、現実からまったく遊離した観念とみるわけにはいかない。むしろ両者に区別のつけにくい実態があったからこそ同じ名称で呼ばれたように思われる。言い換えれば、同一名称を用いること自体、徳政を求めるものと武士に動員されるものとが区別できないという現実を表現しているとみたほうがよいように思われるのである。

土一揆を、もっぱら村民たちが中心となり、徳政要求を主軸として自発的に結成したものとみることは、必ずしもできないことは縷々《るる》述べ来たったとおりである。近世の百姓一揆を尺度とした枠組みによって土一揆を考えると、あまりにも実態から離れてしまうだろう。土一揆を支配層への抵抗運動、ないし民衆の日常的利害に根ざした運動と頭から決めつけるのではなく、むしろ言葉に現れた当時の社会常識をてがかりにして「土一揆」像を検討していくほうが、より正確に実態を捉えることができるのではないか。

一向一揆も「土一揆」

このようにみたとき、一向一揆《いっこういっき》もまた「土一揆」と呼ばれていることが注目される。応仁の乱のさなかの文明六年（一四七四）加賀では、守護富樫幸千代と守護一族の富樫政親とが家督をめぐって抗争した。しかも幸千代は西軍派であり、対する政親は東軍派という、応仁の乱のミニチュア版の抗争が加賀一国を巻き込んだのである。この時、真宗教団もまた抗争に介入し、高田門徒が幸千代に味方し、本願寺門徒は政親に味方して争い、結局、白山衆徒などを味方に引き入れた政親方の勝利に終わった。この抗争で本願寺門徒の一向一揆が大きな役割を果たし、以後加賀で勢力を伸ばしていくきっかけとなった。この折、本願寺教団の棟梁《とうりょう》として越前吉崎にいた蓮如《れんにょ》は「今度加州一国の土一揆となる」とこの合戦を評している（『柳本御文集』）。

また永正三年（一五〇六）には細川政元とその擁立する将軍足利義澄《よしずみ》に味方する勢力と、明応二年（一四九三）に政元により京都を追われた前将軍足利義稙《よしたね》に味方する勢力とが各地で抗争した。本願寺教団は政元方に味方して諸国の門徒を動員し、越前、越中などをはじめ、各地で一向一揆が蜂起した。この時、朝倉貞景の領国越前に加賀から一向一揆が侵入し、国内でも一向一揆の蜂起がみられた。この戦いは「越前土一揆——その内実は一向宗徒と甲斐氏の牢人である——が七月十三日から蜂起し、国方（朝倉方）が勝利し、一揆方は一万人が討死したとのことだ」と伝えられている（『宣胤卿記《のぶたねきょうき》』）。

享禄五年（一五三二）から天文四年（一五三五）まで、畿内を中心に細川晴元と本願寺など反晴元勢力との抗争が繰り広げられ、本願寺の指令により畿内各地で一向一揆が蜂起した。前述したように、山科本願寺が法華宗徒に率いられた京都住民に焼討ちされたのはこの時のことである。本願寺の戦いぶりは「土一揆大将分本願寺、大坂辺に城を構へ、近国の一揆を蜂起せしめ、雅意に任す（法や正義に反した勝手な行動に走る）」と評されている（『蓮成院記録』）。

ここで本願寺が「土一揆大将分」と呼ばれているのは享禄五年七月、奈良で本願寺門徒が蜂起し、「奈良中七郷」が放火された事件をふまえ、一揆蜂起した者たちの棟梁として、本願寺を非難しているのである。実際は奈良での一向一揆は、本願寺の指令のない、自然発生的なものとみられている。それはともかくも、本願寺の指令による一向一揆の蜂起を、当時の人々が土一揆と呼んだことが分かる。

門徒の動員する土一揆

奈良で起こったこの事件は、それまで細川晴元と連繫して畿内の政治抗争にかかわっていた本願寺が、態度を急変させて晴元に敵対したものと当時の人々から見なされた事件であり、以後四年に及ぶ本願寺と晴元との抗争のきっかけとなったものである。本願寺の指令がなかったとすれば、なぜ奈良門徒は蜂起したのか。筆者は晴元の側近であった三好元長と木沢長政との対立に起因するものと想像している。それまで本願寺勢は木沢方の線で動き、畠山義宣《よしのぶ》を滅ぼし、三好元長を滅ぼした。しかし三好氏と本願寺との関係も密接であり、三好方に好意を寄せる門徒も多かった。こうした三好方の門徒が木沢長政に反発して蜂起したと推測することができる。

この土一揆蜂起の記録である「享禄・天文之記」(『大乗院文書』)によって、土一揆の行動を少し具体的に追ってみよう。七月十七日に一揆乱入の情報が流れ、春日社の「禰宜《ねぎ》衆《しゅう》」すなわち神官たちはまず女房・子供を神社の廻廊、門、あるいは本宮に避難させたところに「辻衆、谷、白毫寺《びゃくごうじ》、忍辱山《にんにくせん》、大平尾、誓多林《せいたりん》」らの衆が本宮を襲撃し、神官たちを「剝ぎ取り」、刀や財宝を掠奪したうえで逃げ散っていった。この大将は新薬師堂の「福禅・了春両人」であったが、春日社を守る武士たちが勢力を盛り返し、この二人を捕縛して殺害した。僧坊はほぼ焼失した。さらに動員された一揆衆が数千騎、社頭の五ヵ屋を破壊した。神官たちは一揆と戦ったが小勢なので劣勢となり、寺僧たちが殺され、社頭の「黒絵屋」などにあった預物・蔵物がまさに奪われるようとした。

この時白帷子《しろかたびら》を着た雁金屋《かりがねや》という奈良町人が一人社頭に上り、「中人」すなわち一揆勢と神官たちとの仲裁に入ったため、一揆勢は引き上げた。この雁金屋の家には永正十八年(一五二一)二月に本願寺の円如《えんにょ》(当時の住持実如《じつにょ》の嫡子)が寄宿しており(『春日社司祐維記』)、有力な本願寺門徒と考えられる。享禄五年の蜂起にあたり、雁金屋民部(『重編応仁記』によれば雁金屋願了）は張本人の一人であったと伝えられており（『増補筒井家記』）、一揆蜂起の中で中心的役割を果たしていたことは間違いない。

二十二日には常住院が放火され、一揆によって社中奥殿の預け物が掠奪され、勝願院奥殿、「かん次郎」の家などが焼かれた。同じく二十二日には神官たちが、大和国の有力武士越智利基《おちとしもと》を頼り、その城鷹取《たかとり》へ陣立てし、在城のために番を組んだ。

天文元年と改元された後の八月八日、一揆方は堂場・森屋・新屋敷・今井を焼払い、鷹取に押し寄せ、攻め立てたが、九日、十日には一揆衆が敗れ、吉野・「いんかい」（飯貝か）まで逃げていった。一揆衆が退却した後、寺僧や侍が奈良に侵入し、地下は悉《ことごと》く放火され、奈良衆が逃げ惑うという事件があった。一揆衆は再度結集し、雁金屋を大将として、「いんかい」（飯貝か）より八月二十二日に数千騎が奈良に攻め上ったが、吐田郷で布施、「倶戸羅」（倶尸羅《くじら》）、越智衆らの手で悉く討死し、雁金屋の首は奈良へのぼせられた。神官たちは一人の負傷者もなかった。

以上が「享禄・天文之記」の記す、奈良における「土一揆」の経緯である。まず最も印象的なのは、一揆勢の放火、掠奪であり、これは京都における土一揆とまったく変わらない。その意味でこれはまさに「土一揆」なのである。第二に知られるのは、これら一揆勢が「雁金屋」という本願寺門徒の指揮にしたがっている点である。雁金屋は掠奪、放火を行なう一揆勢を押しとどめ、撤退させることもできたし、一揆勢を率いて戦闘に向かわせることもできた。京都でみられた土一揆の大将や、足軽大将とその役割は酷似している。

こうしてみると、奈良の一向一揆に関する限り、一向一揆もまた本願寺門徒に動員された土一揆であり、その行動様式からすれば、土一揆と同じく雑兵として従軍するような流民《みん》たちも動員されていたと推測されるのである。当時の人々が一向一揆を土一揆と呼んだことは、この点からみると何の違和感もなく了解できることといえよう。

「一揆」と呼ばれる一向一揆

ところで元亀元年（一五七〇）から天正八年（一五八〇）まで、織田信長に対して本願寺が諸国の門徒を動員して戦ったことで著名な石山合戦《いしやまかっせん》では、本願寺門徒の一揆蜂起を土一揆と呼ぶ史料は管見の限り見出すことができない。本願寺の動員する一向一揆はほぼ一揆の名で呼ばれている。

石山合戦は、永正三年（一五〇六）の細川政元方に味方した一向一揆の蜂起や、享禄五年（一五三二）から天文四年（一五三五）にかけての、細川晴元と抗争した一向一揆と同じく、中央における政治抗争に本願寺が介入したものである。当初は足利義昭・織田信長に対立する三好三人衆など反義昭政権の諸大名に味方して蜂起し、やがて足利義昭が織田

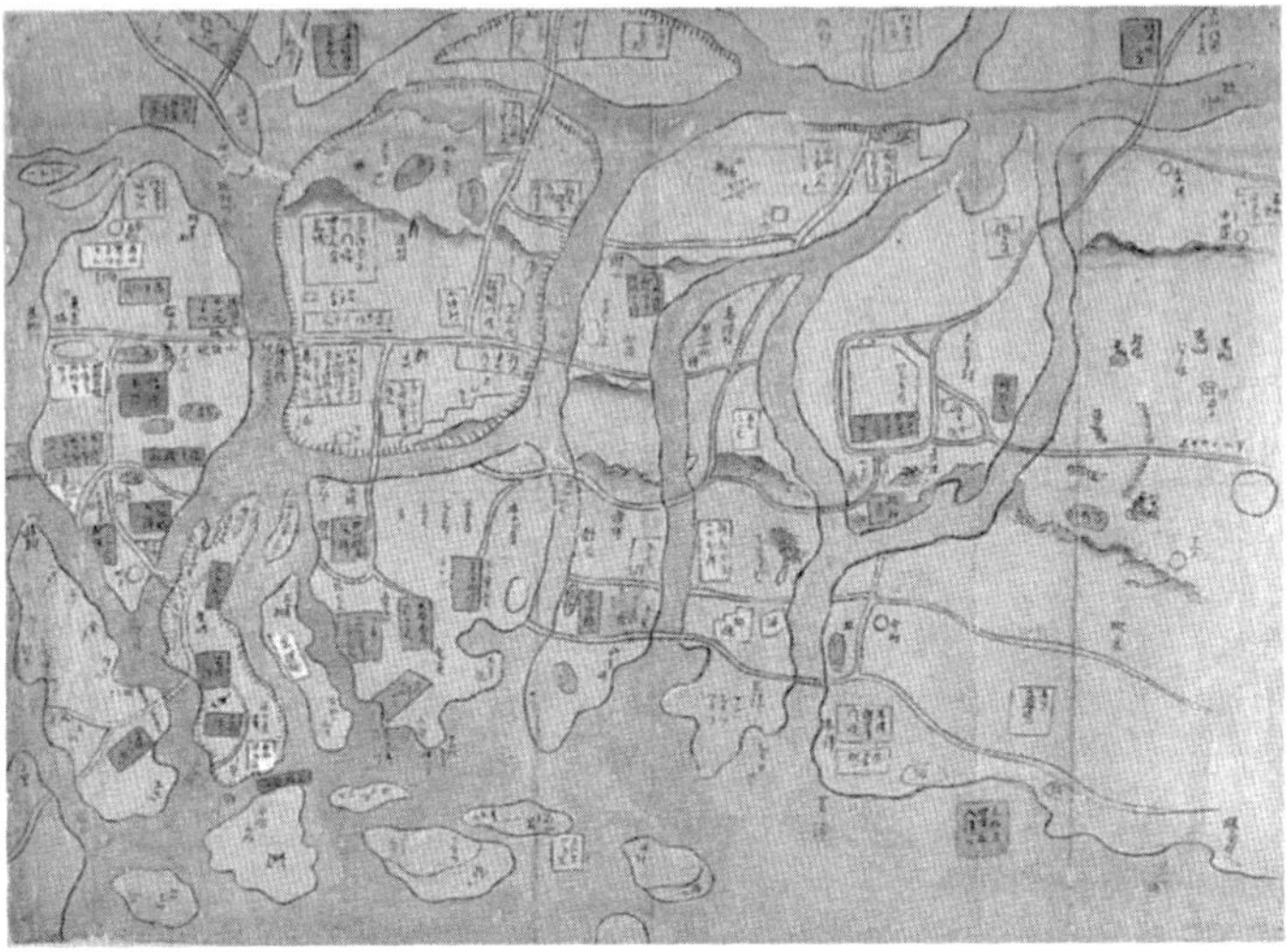

図９　石山合戦両軍配陣図（大阪城天守閣所蔵）

信長と袂《たもと》を分かって対立すると、織田信長と対立する義昭に味方する勢力の一員として本願寺は蜂起した。その行動様式は永正三年の一向一揆、享禄・天文年間の一向一揆とほとんど変わらないにもかかわらず、動員された人々が「土一揆」と呼ばれることはなかった。

十六世紀後期には土一揆の語が消滅し、十五世紀に土一揆と呼ばれていたものは、この時代単に一揆と呼ばれるようになる、という傾向は一向一揆にもあてはまる。本能寺の変の直後、近江国の武将蒲生《がもう》氏《うじ》郷《さと》は織田信雄・信孝、本願寺と結ぶ一方、本願寺末の日野興敬寺《こうきょうじ》に対して、「明智が当国にやってきたら、一揆を催して討ち果たせ、そうすれば褒美についての訴訟には、援助を惜しまない。本願寺殿へも忠節を尽くすべく(門徒へ)御命令なさるよう申し上げてある」と書き送り、明智光秀に対して一向一揆を蜂起させるよう促している(『興敬寺文書』)。ここでも一向一揆の動員は「一揆を催す」ことなのである。

翌天正十一年(一五八三)三月、有名な賤《しず》ヶ《が》岳《たけ》の合戦の一こまであるが、羽柴秀吉は、柳瀬に陣した柴田勢の状況を本願寺末の称名寺に窺わせ、さらに秀吉軍の攻撃開始に応じて余呉《よご》、丹生《にゅう》など地元の民衆を動員することを命じている。この命令の中で秀吉は称名寺に、戦乱により山々に隠れている「土民百姓以下」の者たちに、敗走する柴田軍追撃のために出陣するよう指示せよ、首をとるなど戦功を立てた者には知行を与えるか「当座の印《いん》物《もつ》」を出し、望む者には諸役を免除する旨を申し触れよ、と述べている(『称名寺文書』)。秀吉もまた本願寺派の寺院に「土民百姓」を動員する力を期待しているのである。

「一揆」は土民のわざ

このようにみてくると、中世の人々が十五世紀に「土一揆」と呼んだものと、十六世紀後期に一揆と呼んだものとは、実態にはほとんど差がないとみてよい。それではなぜ土一揆という名称が単なる一揆という名称に変わったのか、『続応仁後記』が記すとおり、単に頻発したために「土」が省略されたのか、これも未だ学界で本格的に検討されたことのない問題であるが、幾つかの予想を立てることはできる。

十六世紀後期には「一揆」など侍のすることではない、という観念が広まっていたとみられることは既に述べた。戦国時代の只中《ただなか》で、侍身分の武士たちが、組織的戦闘をしなくなった、というようなことはまさか想定できないだろう。むしろ戦国大名の出現により、大多数の武士が大名家中に組織され、常時その一員となったために、戦争のたびにわざわざ一揆を結成する必要がなくなったのではないだろうか。そうなれば、戦闘に際して、改めて一揆を結成する必要があるのは、百姓身分の村民や雑兵くらいのものとなろう。かくして一揆とはもっぱら「土民」のものに限定されるに至ったのではないか。

また戦国大名の出現により武士層の多くが、城代《じょうだい》や寄親《よりおや》などしかるべき「一国の大将」（前掲『陰徳太平記』）の指揮下に日常的に属するようになった戦国時代の事情と照応して、武士たちの間では、稼ぎのために無原則に徒党を組んで戦闘に赴くことをよしとしない観念も芽生えたように思われる。戦国の武将伊勢貞頼の手になる『宗五大草紙《そうごおおぞうし》』（宗五は貞頼の法名）では、一揆とは「小人」のすることであり、「君子は周《あまね》くして比せず」ともいうように立派な人間は滅多に徒党を組むなどということはしないものであると述べる。

「上」の命令に服して「私の一揆」などには従わないほうがよい。「小人は比す」といって、ならず者たちが徒党を組み、正義をないがしろにする害悪はまことに大きい。一揆などの盟約は合戦の非常時に限られるべきものである、というのがその趣旨である。

「一国の大将」すなわち然《しか》るべき大将のもとに従軍しないで、思い思いに籠城した侍たちの城を「一揆の城」と呼んだ、『陰徳太平記』の記述が思い出される。侍たるもの、然るべき「上」の命令に従うべきものであり、「私の一揆」にかかわるべきものではない、との観念は、侍とは然るべき大将の配下に属すべきものとの観念にも通じるものではないか。

その一方で「一揆」に動員されたものは「名主」「沙汰人」らに率いられた村民も含まれていたことに留意すべきであろう。十五世紀の京都では、土一揆と一線を画して行動していた村民ではあったが、戦国大名や「天下」の将軍のもとでは、動員令に応じている場合が目立つようになる。既に述べたように永正元年（一五〇四）、幕府の手によって京都住民や近郷の村民たちが「土一揆」として動員されたことが思い出される。土一揆や雑兵の蹂躙《じゆうりん》を防ぐためには自ら土一揆の一員となる必要もあった。土一揆への「適応」は一方で、自ら土一揆として戦場に赴く、という過酷な試練をも含んでいたのである。

戦場へ向かう民衆

大名の戦力

十六世紀から日本の各地に戦国大名が出現し、領国を実力によって支配するようになったことは周知のことである。この戦国大名の軍事力として、村の住民はしばしば動員された。まず何よりも名主・沙汰人に率いられた村の住民は、地侍《じざむらい》や武士とならんで戦国大名の重要な軍事力だったからである。

山田邦明氏によると、天正元年（一五七三）五月、当時越中の敵勢や加賀一向一揆《いっこういっき》との戦いの最中だった上杉謙信は、海岸線の村々も戦力の一端として来襲する敵と戦わせようとしていたという。謙信が河隅忠清、庄田隼人という二名の家臣に宛てた手紙には次のように指示されている。「敵船がみえたら境（富山県下新川郡朝日町）、市振《いちぶり》（新潟県西頸城《くびき》郡青海《おうみ》町）、玉ノ木（同上）、宮崎（富山県下新川郡朝日町）などの者共に槍や小旗を用意させて近辺の村に結集させ、敵船の着岸を狙って攻撃させよ。敵は村民が自分たちの姿をみて逃げてしまうから、図に乗って村を襲撃・放火するのである。地下人《じげにん》たち自身のために武器を用意させて、敵と戦わせよ」と（『横沢文書』）。

こうした支配体制の中で、村の住民たちが戦闘に動員されたことはいうまでもない。後北条氏の領国では村ごとに割り当てられた人数が、二〇日程度の限られた日数であり、兵粮《ひょうろう》が支給されるとはいえ、武器を携行して従軍することを命じられたことは有名な事実である。単に従軍だけではない。敵の来襲を察知して情報を送ることも不可欠の任務であった。天正八年（一五八〇）八月、後北条氏は伊豆の村々に敵船の来襲をみたら、狼煙《のろし》を上げさせ、それをみた隣村へと次々とリレーするよう命じている（『高田文書』）。

戦国時代の伝承として、戦争の際、大名や武士が敵の来襲に備え、村民を動員して大軍に見せかけるような策略を行なった、というような逸話を目にすることが少なくない。たとえば天正十年八月、徳川家康の武将酒井忠次が北条氏直《うじなお》の大軍との直接交戦を避けるために信濃国高島から甲斐へと撤退した時の逸話である。味方の村の「男女老若ともに」槍をもたせ、それがない場合はかわりに竹、棒などをもって一〇人、二〇人ずつ出張させ、まるで武装して迎撃の準備をしているかにみせかけたという（『翁物語後集《おきなものがたりこうしゅう》』）。石和《いさわ》町の近所にある八田村の者は徳川方に味方して、紙の小旗を拵《こしら》えて村の「地下人百姓」に持たせ、近辺の山々に狼煙を上げて徳川方の大軍が出陣するように見せかけたともいう（『甲陽随筆』）。

事実かどうかは別として、戦線に近い村民の支持がなければ、戦国大名やその武将たちも、戦況を有利に導くことなどできなかったことが窺われる。豊臣秀吉と徳川家康が相対したことで著名な小牧・長久手の戦いのおり、秀吉方の部将池田恒興《つねおき》が占領した犬山城から出撃して小牧付近の村々に攻め入り、放火したことは大きな失策だったと『長久手戦話』は記している。なぜなら放火・掠奪は自国に留《とど》まったままで敵国にダメージを与える場合の戦術である。敵国に侵攻する場合はこれとは異なり、近辺の郷民を手なずけ、土地鑑のある案内者を得て、敵の内情を探知するために間者に雇うなどして必要な情報を得なくてはならない。放火などして住民を恐怖させては兵粮や武器にも事欠くことになるものであり、秀吉も後に恒興のやり方を叱ったというのがその趣旨である。村や在所の住民の動向こそが戦闘の勝利を左右する重要な要件であったと考えられる。

事実戦闘に村民が動員される事情は十六世紀末になっても変わらなかった。天正十二年

（一五八四）八月、徳川家康配下の坂本貞次・駒井勝盛は駿河国方上惣郷《そうごう》など六ヵ所の在所に、郷中で談合のうえ、旗、指物をもち、弓、鉄砲、槍などの武器をもって、十五歳以上六十歳以下の者は一人も残らず、指示が出たら直ちに「一揆に罷《まか》り立つ」よう命じている（『原川文書』）。同年四月、木曾義昌も信濃国の黒沢、児野、田沢、矢白木など村々の住民に、米二〇俵、あるいは三〇俵の恩賞を与えたり、また中間《ちゅうげん》は悴者《かせもの》に、百姓は中間にする、手柄を立てれば年貢を免除するなど、恩典を約束したうえで出陣を命じている（『木曾旧記録』『児野文書』）。後北条氏の領国では領国支配の最末期である天正十八年にも住民を動員するための台帳が「一揆帳」と呼ばれているように（『駿河記付録仁杉文書』）、村の住民などの「一揆」は重要な戦力であった。

「百姓は草の靡き」

領民の側も、一方的に動員されていたわけではない。自ら積極的に大名を支持し、武装蜂起した。戦況を判断して優勢な方に味方したり、またはこれと見込んだ武将を頼み、生き残りの算段をすることは村にとって重要であったからである。こうした村や町の行動を伝えるものとして遠江国見付町の問屋・年寄・組頭らが、戦国の争乱が終わって一〇〇年ほど経った延宝二年（一六七四）に差し出した由緒書がある（『成瀬文書』）。

これによると見付町の住民は徳川家康が遠江国に進出し浜松城に入ってから、しばしば行なわれた武田信玄との抗争の中で、家康に味方して忠義を尽くしたという。信玄の来襲を知らせる狼煙を上げ、家康の身辺を警固し、年貢を半分信玄方に納入すれば、信玄軍からの夜討や乱取（掠奪）を避けられたのに、あえて家康に忠節を致して信玄への年貢納入を拒否し、来襲してきた信玄軍が撤退する時を捉えて追撃して戦功をたてたという。自ら家康方の軍事力の一端を担っていたことが窺える。こうした忠節が戦乱の時代に、強力な大名・武将からの保護を期待してのものであることはたやすく想像できよう。

だから民衆は政治情勢を判断したうえで積極的に戦場に赴いた。永正七年（一五一〇）四月、遠江国の小俣《おまた》、形丸《きようまる》の「百姓」らはいち早く二俣城に馳せ参じた忠節により、棟別銭《むねべっせん》など租税を免除されている（『遠江国風土記伝』）。永禄十一年（一五六八）年九月、今川氏真《うじざね》との戦いの中で徳川家康は、遠江の「地下人」らが、配下の最上左衛門佐の伝えた「廻文」によって過半が味方についたことを喜び、武士には知行を与え、地下人には田畑を、寺社には山林を与えることを約束している（『唐津小笠原文書』）。

今川氏真も元亀元年（一五七〇）六月、海野宗意に対して在所の者が死去したり、退去したりする中で在所に留まり、一揆を致して奉公することを喜び「一人百姓」として「郷中諸事」について安堵《あんど》を与えることを約束している(『天野文書』)。またこの海野と同様に、西谷弥七郎が一揆に加わることを賞し、在所では「一人百姓」として安堵することを約束している(『西谷文書』)。

また天正十二年(一五八四)三月、徳川家康は近江国の石部右馬丞ら「一揆中」が味方につく、と通知してきたことを賞し「望みがあれば、どのようなことでも聞き届ける」ことを約束している(『譜牒余録』)。

このような、いわば自発的な民衆の一揆は、今川氏真の賞した海野宗意や、西谷弥七郎のように、個人としての行動の場合もあるが、二俣城に駆けつけた「小俣・形丸百姓中」や、永禄十一年(一五六八)に徳川家康と今川氏真との戦況をみて徳川方の「廻文」に応じた遠江国の「地下人」のように村などを基盤とした集団的なものも目立つ。このような一揆は、村の将来を左右する政治的判断の結果行なわれただけに、庄屋、名主、沙汰人らのリーダーのもとに結集することが多かったと思われる。

村ぐるみの蜂起という傾向は、むしろ徳政を求める土一揆より、戦場に赴く村民のほうにより顕著ではないか、という感じすらする。応仁の乱の最中に備中国新見庄の住民は、細川氏被官の寺町氏の入部に対抗することを目的として東寺以外の領主を拒否し、男たちは一人も残らず八幡社の前で大寄合を開き、土一揆を結成した（『東寺百合文書』サ二三九）。この有名な村ぐるみの土一揆も、これが村の命運を左右する政治的状況の中でなされたものであることが注目される。

乱世の民衆は積極的に戦況に介入し、有利なほうに味方しようとしていた。戦乱の時代にひたすら戦争を避けるだけですますことはできない。村のリーダーを中心に一揆し、生残りをかけて戦場に赴いたこともまた土一揆の忘れてはならない側面であると思われる。「百姓は草の靡《なび》き」という戦国時代の諺《ことわざ》がある。地域の住民たちは勝利を制した武将の方に味方するということであるが、この時代、どちらの武将が勝利するかの判断を誤らずに従軍することがいかに重要であったかを問わず語りに示している。戦況によって寝返ることもまた常識に属することであった。言い換えれば村とその一揆は、大名や武士にとっても、当てにせざるを得ない重要な戦力だったのである。

乱世は続く

以上みてきた民衆の一揆は、十六世紀末頃に統一政権が成立すると、徐々に消滅していく、というのが通説から想定できることである。統一政権の成立とともに武士と農民などをはじめとする平民との兵農分離が進み、常識的には「百姓」と呼ばれる平民層が戦争にかかわることは少なくなっていったと考えられる。ところが、当時の実態をみていけば、話はそう単純ではないことに気がつく。天正十八年（一五九〇）の後北条氏滅亡、豊臣秀吉による、いわゆる天下統一以降も、侍たちが「百姓」を動員する戦国時代の一揆とまったく同じと思われるものが、幾つか見出されるのである。青木虹二氏編の『編年百姓一揆史料集成』などを手がかりに、その一部を拾ってみよう。

天正十八年十月に上杉氏の検地に反対して羽後国仙北郡六郷地方の地侍らが一揆蜂起したが、その実態は「諸給人、百姓等」の行動とも（「上杉景勝年譜」前掲『編年百姓一揆史料集成』所収）「国中地下人」の行動（「景勝公一代略記」同上）とも記されている。後世の史料ではあるが、近世上杉氏の草創期を侍が百姓らを動員したり、地下人が蜂起したりすることのあった時代とみている点は注目されよう。文禄元年（一五九二）年肥後国佐敷《さしき》で起こった、梅北国兼《うめきたくにかね》による有名な梅北一揆は、「一揆を催した」梅北国兼に佐敷の「町人、庄屋、百姓以下まで」が一味した（『井上弥一郎梅北一揆始末覚』）。給人層の武士に組織された、農民をも加えた一揆であったことが紙屋敦之氏によって指摘されている。

文禄四年紀伊国牟婁《むろ》郡和歌山領では山地・川井村の住民が検地に反対して一揆を企てている（「北山上組百人御杣由緒弁来歴覚書」前掲『編年百姓一揆史料集成』）。慶長五年（一六〇〇）八月には伊予国宇和島領の松葉町で三瀬六兵衛という名主が一揆を企てたことが伝えられている（『宇和旧記』同上）。慶長六年七月には陸中国南部領で、葛西氏の牢人で鹿折信濃という者が諸牢人、金掘らを動員して一揆を起し、狐崎城主荒谷肥後と結んで籠城している（『伊達家治家記録』）。伊達政宗はこの一揆に「此方の百姓」も加わっていると南部利直に書き送っており（『南部家文書』）、これも武士が「百姓」を動員した一揆とみられる。慶長八年十一月、土佐国で起こった本山一揆では、前述したように一揆の張本人高石左馬助が汗見川、大川内の村民に「一揆の廻文」を送っている。

大坂の陣と北山一揆

慶長十九年（一六一四）から翌二十年にかけての、いわゆる大坂冬の陣、夏の陣の折には、大坂の豊臣秀頼方に呼応した一揆蜂起がみられた。大坂方の武将大野治房が大和国郡山に出撃したところ、これに呼応した「土民」が一揆を起し、一味して筒井主殿助を攻めたため、敗北した主殿助は福住で自害したとも討死したとも伝えられる（『慶長見聞書』）のはその一例である。ここでは新宮領で起こった紀伊国北山一揆をみてみよう。

十一月に大和国吉野、紀伊国北山、熊野などの地域で大坂方に呼応して一揆が起り、浅野長晟《ながあきら》が出陣して留守になった和歌山城を乗っ取ろうとし、また浅野忠吉の新宮城を乗っ取ろうとする計画が行なわれたという（『北山一揆物語』）。和歌山城乗っ取りを目論む一

図10　大坂夏の陣図屏風（大阪城天守閣所蔵）

揆は在々所々の与力の百姓を催し、山内喜内、広の知森、財部の兵衛らが一揆の計画を進め、また新宮城攻撃には北山の河井村の山室が大坂よりの内意をうけて一揆を企て、津久、堀内将監《しょうげん》、中村、小中らが同心したという（同上）。

一揆の大将津久は北山の在々の庄屋や「その村にて口をも利く程の者共」を語らって一揆の計画を進めたという（同上）。十二月十二日には吉野・北山・熊野の一揆が新宮表《おもて》に出撃したところを、新宮城の留守居戸田勝直が迎え討って撃退したことが知られる（『浅野家旧記』）。勝直は直ちに敗走した一揆を討取るために出陣したが、出陣にあたり吉野四ヵ村の一揆を討取るよう指示するとともに「一揆と一味つかまつりたる在々百姓共」は「草の靡き、苦しからず候間、立ち帰り候様」指示するように村の有力者たちに命じている（『山本文書』）。北山の一揆が村民を結集したうえに近辺の「百姓」も組織していたことが知られる。

一方、新宮城を守る勝直の側も侍身分の武士のみならず一般住民を動員した。勝直は新宮の町民から人質を取ったうえ、郷民たち二〇〇〇人を率いて一揆軍と交戦した（『譜牒余録』）とも、土民のうちから有力なものを撰んで、城中に集め籠城させた（『浅野考譜』）ともいわれる。浅野忠吉が勝直の戦功を賞するとともに、合戦にあたって「留守の侍衆、ならびに社人・町人」が一揆と戦ったことを喜んでいる（同上）ことからも、戸田方の軍勢にも「町人」「郷民」のいたことが知られる。

『北山一揆物語』では、新宮の住民が一揆方に人数を多くみせるために町中の老若が、残らず川原へ出よとの触れに我も我もと出かけ、「心猛《たけ》く才覚なる」女性だった本町浄円坊の妻が、竹一〇〇本を切り出させて紙を張らせ、川原で長柄のように見せかけるよう住民を指揮したという逸話を記している。

大坂方一揆の活動

慶長二十年（一六一五）四月、やはり浅野長晟が出陣している留守をねらって紀伊国日高郡で一揆が蜂起した。高屋村の西村孫四郎、小池村の寺井孫右衛門、志賀村の中村三郎兵衛ら三人が大将であったとされる（『玉木文書』）。豊臣秀頼滅亡後の、同年六月、前年の北山一揆、および四月の日高郡の一揆にかかわった者たち数十人が、浅野忠吉により処刑されたことが、浅野長晟へ報告されている（『浅野家文書』）。

その中で神上村の堀内大学は、前年に大坂からやって来て、北山の村々へ触状を廻して一揆を動員させる手立てをしたという。本人は行方が分からず、その母と息子が処刑された。その大学の触状を丸山村の「中」という者と敷屋村の清衛門・加兵衛の兄弟が持ち廻ったという。大坂方の命をうけて一揆を仕組んだ者、またその者の蜂起命令を村々へ伝えるなどの活動を行なった村民の存在が知られる。

高田村の庄屋大島とその子二郎作との父子は、前年に一揆の動員を行ない、村々へ触状を持ち廻した。高岡村で一揆の大将となっていた作介と新右衛門の二人は一揆が起った時、吉野四村と北山から出撃してきた一揆を迎えに行き、新宮まで案内した。檜枝村の与左衛門という者も、本宮川筋の一揆の案内を行なった。大里村の弥吉も高岡村の清七郎も前年に一揆を迎え、新宮へ案内したという。村で一揆を動員するとともに、それぞれの間で連繋を行なっていたことも知られる。

竹原村の新四郎という者は、もともと「竹原村の主」だったが浅野家に鉄砲隊の一員として動員され、戦地へ向かう途中で鉄砲をもったまま欠落《かけおち》（逃亡）し、竹原村へやってきて一揆を動員し、新宮攻めに加わったが、一揆方が敗れると今度は大坂へ行き、大坂城落城後、山中へ逃げてきたところを捕えられ、処刑された。平谷村の三介という者も、前年に一揆の大将として新宮攻めに加わり、敗戦の後は吉野へ行き、浅野家の追及を逃れて大坂へ行き、落城とともに吉野へ戻って来たところを捕縛、処刑された。

村民には、大名から動員されて従軍する場合もあり、一揆に加わる場合もあり、さらに大坂に籠城して従軍するなど多様な行動をとることが可能だったのではないか。村民は大名にとっても一揆にとっても依然重要な戦力であったことが窺える。

寛永六年（一六二九）正月には伊予松山で「水無又兵衛」という者が「山賊、強盗の溢れ者など郷民」を語らって千余人で一揆を起し、在々所々へ押入り、掠奪を行なったという（「寛永日記」前掲『編年百姓一揆史料集成』）。

このようにみてくると数はそれほど多くはないものの、武士たちの働きかけなどがあった場合に、庄屋などに率いられた村民が一揆を結成して蜂起する、という行動様式は健在であることが知られよう。通説によれば、戦国乱世はとうに終わったと考えられている時代であるが、民衆は依然戦争に対して備えを怠っていなかったと考えられる。

こうした民衆の行動様式はいつごろまで続くのだろうか。十七世紀前半の最大の武装蜂起である島原の乱をみてみることにしよう。

百姓一揆の時代へ

土一揆としての島原の乱

百姓一揆と異なる性格

十七世紀前半期に九州の島原、天草地方で起こった島原の乱といえば、大規模なキリシタンの反乱として知られるものである。当時は徳川幕府三代将軍家光の時代、豊臣秀吉が後北条氏を滅ぼして、いわゆる「天下統一」を遂げてから五〇年近く、大坂夏の陣で豊臣氏が滅んでから二〇年以上が経っている。徳川幕府の体制も整い、通常は「近世」と考えられている時代で、島原の乱を戦国時代の一揆（すなわち土一揆）と関連づける見方はなされてこなかった。しかし一揆蜂起の起こる頻度は急激に下がっていくとはいえ、十六世紀後期から十七世紀初めにかけてみられる一揆は、多くが戦国時代の一揆（すなわち土一揆）と考えてよいものであった。島原・天草の一揆がこれらと同質のものか、あるいは異質とみるべきものか、検討する意味はあると思われる。

島原の乱の性格については、これまでにも幾つかの見解が出されているが、その見解はさまざまである。たとえば領主の苛政《かせい》に抵抗する、近世の百姓一揆と同様な性格をもつ「農民一揆」とみる見解も有力なものとされてきた。しかし、近年の百姓一揆研究の成果に立ってみると、たとえば保坂智氏の見解にみられるように、明確に異質の一揆であることが指摘されている。さらにここには百姓一揆とは明らかに異なる宗教一揆としての要素があり、むしろこれが主要なものであることが、中村質氏や、煎本増夫氏により指摘されている。

さらに付け加えれば、後にみるようにこの一揆の指導者は牢人《ろうにん》（主人をもたない武士）であり、その参加者の多くはキリシタンの百姓であった。この点からみれば、侍身分の武士たちに率いられる土民の一揆とみることができ、戦国の一揆すなわち土一揆とみることも可能ではないだろうか。実のところ後述するように、この島原の乱には他にもこれまでみてきた土一揆の特徴の多くが見出されるのである。

島原の乱には九州諸藩の軍勢が動員されていた。そして乱中および乱の鎮圧後も、幕府

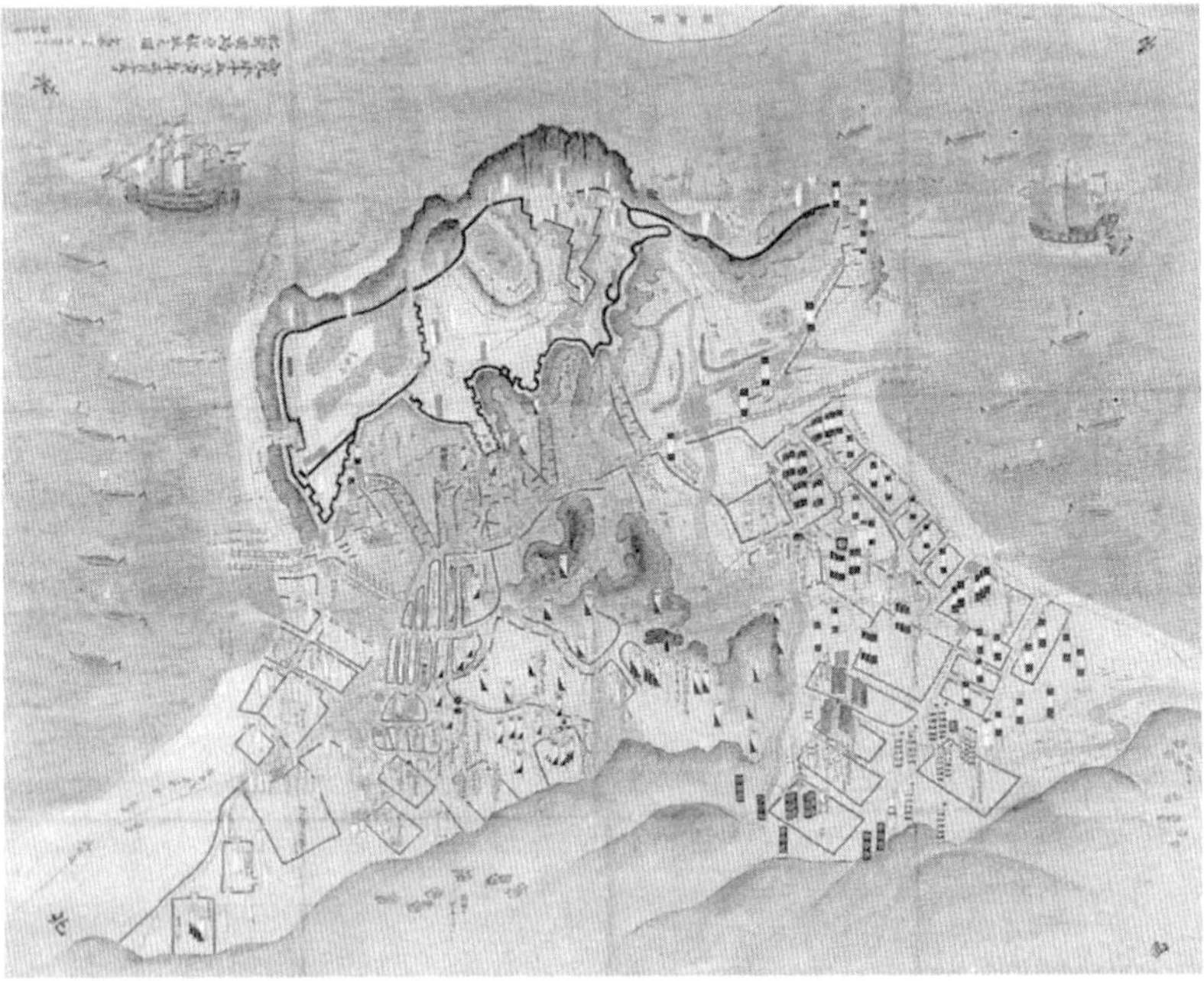

図11　原城攻めの図（『島原城攻撃図』東京国立博物館所蔵）

への戦功の申告などが必要であることから詳細な記録が残されている。一つの一揆蜂起について、これだけ史料に恵まれたものは、中世の一揆にはまず皆無といってよい。その意味で十七世紀前期のものとはいえ、戦国の一揆を考えるうえでまことに貴重な事件といってよい。そこで以下これらの点をみていくことにするが、その前に乱の概要を、ざっとみておくことにしたい。

立帰りキリシタンの一揆

乱の発端は寛永十四年（一六三七）十月二十五日、島原藩主松倉勝家の領内である有馬地方のキリシタンが蜂起したことである。この頃島原領内には、天草や口之津で起こった、急激なキリシタン信仰の高まりが波及してきていた。島原領内では、かつては著名なキリシタン大名有馬晴信の支配のもとでキリシタン信仰が盛んであった。しかし有馬氏の転封《てんぽう》と松倉氏入部以後、先代の松倉重政の時代に厳しい信仰弾圧が行なわれ、ほとんどのキリシタンは棄教していた。その、既に棄教したはずの彼らをはじめとする領民の多くがふたたび信仰を表明し始めたのである。

棄教したキリシタンを転《ころ》びキリシタンと呼ぶのに対して、もう一度信仰を取り戻したものを立帰りキリシタンないし立上りキリシタンと呼ぶ。領内の立帰りキリシタンを取締りに出向いた藩の代官がキリシタンの手で殺害されると一挙に一揆は蜂起した。蜂起した一揆は、島原の城下町に侵入し、方々を放火したうえに島原城を包囲する。十月末にいったん城下から退去し、本拠の村々に陣取った。

それから、幕府の命をうけた藩主松倉勝家が十一月下旬に帰国するまでのほぼ一ヵ月間、島原藩の藩士たちは、有家・有馬をはじめ村々に陣取った一揆と対峙することを余儀なくされた。一揆軍と兵粮《ひょうろう》の確保をめぐって交戦し、敗退したこともある。また味方となって島原城に籠った領民の中にもキリシタンに同情的な者もいることから、その寝返りを警戒しながら城の防備を維持しなくてはならなかった。

一方、急激な信仰高揚の震源地となった、唐津藩主寺沢堅高《てらざわかたたか》の領内である天草地方でも、十月二十八日頃キリシタンが蜂起した。富岡城代三宅重利の急報によって、唐津から派遣された藩の軍勢が十一月十日に富岡城に入り、キリシタン一揆との間に激戦が繰り返された。本渡まで進撃した三宅重利が討死し、勢いに乗った一揆は富岡城を囲み、総攻撃をかけたが、城方の迎撃にあって四散した。

十一月下旬、松倉勝家の帰国に続いて板倉重昌《しげまさ》を総大将とする幕府軍も到着する。一揆勢は十二月初旬、有馬晴信が築いた後、長く使用されていなかった古城原城に籠城した。十二月六日板倉重昌は原城への攻撃を指令し、迎え撃つ一揆方は一度ならず、幕府軍の攻撃を撃退する。翌寛永十五年正月一日の城攻めの戦いで、板倉重昌が討死するという深刻な敗戦もあったものの、一揆鎮定後の処分を行なうために幕府から派遣された松平信綱が、動員された九州の諸大名らとともに兵粮《ひょうろう》攻めを行ない、二月二十八日、一揆勢の立て籠《こ》もる原城は陥落した。

牢人による一揆の組織

以上が島原の乱の概要であるが、この島原・天草の一揆について、土一揆としての側面を幾つか指摘することができる。もちろん島原の乱は、通常宗教一揆とされており、筆者もそれを否定するつもりは毛頭ない。しかし、たとえば宗門の一揆であった一向一揆も「土一揆」と呼ばれ、また土一揆としての特徴を備えていたことは既にみたとおりである。

宗教一揆だからといって、土一揆の側面ははじめからないもの、と考える必要はないだろう。むしろ人々が土一揆に「適応」していた時代、一揆蜂起する側は、蜂起の理由がどうであれ、土一揆の行動様式で蜂起しただろうし、一揆蜂起の外部にいる人々も、とりあえず通常の土一揆に対するのと同様の対応をとったのではないか。つまり一揆蜂起を企てる牢人たちは、まずは村の住民などに働きかけて土一揆を「催す」だろうし、一方蜂起をみた領民たちは、土一揆に味方するなり、藩側につくなりの行動を取るだろう。その意味では島原の乱の際にも、こうした対応がなされたと想像することは許されよう。

島原の乱における土一揆としての性格を窺わせる最初の点はなんといっても、島原の乱の指導者が侍身分の牢人たちであり、彼らが「百姓」身分の村住民を動員して起こしたものであることである。乱の指導者の一人には旧有馬家臣の山田右衛門作がおり、彼は幕府方に寝返ったため助命され、一揆が鎮定された後、一揆勢の内情について詳しい供述を残していることは著名な事実である。この有力な史料によると、乱の「軍奉行」は芦塚忠右衛門（または忠兵衛）、布津の大右衛門、松島半之丞、有家休意、大矢野玄察の五人である（『野村氏島原陣記録』）。

このうち芦塚忠右衛門（または忠兵衛）は、当人が「譜代相伝の家人」というように元有馬家家臣（「長谷川源右衛門書留」『大河内家記録』）、松島半之丞はもと松倉家の家中（『大河内家記録』一二三）である。大矢野玄察は、熊本藩に捕縛された一揆方の大矢野村庄屋渡辺小左衛門の供述によれば、加藤与左衛門家老（『新選御家譜』）であった。

また千場休意、中山玄札以下四〇人の牢人がおり、みな年頃は五十前後、これらが指導者となり、村々の庄屋以下一揆に加わった住民を指揮していたと、山田右衛門作は語ったという（『肥前国島原切支丹一乱之始終』所収「山田右衛門作言上」）。総大将と見なされた天草時貞の父甚兵衛は、渡辺小左衛門の供述では、小西行長の奉公人であった（『新撰御家譜』）。

また松倉家家臣も一揆に加わっていたと思われる。上山源太夫、大膳は、渡辺小左衛門の供述では松倉家中であり、乱が起こると家中を離れ、現在上津浦にいるとされている（『新撰御家譜』）。上山源太夫については、十一月十四日に行なわれた天草一揆と寺沢藩軍との戦いで藩側の捕虜になったという、呼子平右衛門の証言もあり（寺沢光世・鶴田倉造氏校注『寺沢藩士による天草一揆書上』）、一揆方として戦っていたことが知られる。天草栖本の譜代平兵衛も、一時加藤清正に仕えた者だが、致仕しており、今度の戦いでは籠城したはずであるという（『新撰御家譜』）。さらに広島の牢人の子である「一向坊主」がやはり上津浦におり（同上）、恐らく一揆に加わっていたのであろう。

百姓の一揆

第二に、牢人たちが「百姓」ら村民を組織して起こした、いわば牢人主導の一揆蜂起であるにもかかわらず、なぜか一揆は「百姓」のものと見なされていた。まず島原藩の家老たちが十月二十七日に熊本藩へ送った手紙に「爰許《ここもと》の百姓どものキリシタンが俄《にわか》に蜂起し、一揆となり」と述べている（『新撰御家譜』）し、また豊後目付もまたこれを「キリシタンの一揆の百姓ども」としている（同上）。

十一月十四日に唐津藩軍が一揆に敗れた際、薩摩藩から状況検分に派遣した者が帰国して状況を報告した。その報告をうけた島津家久は十一月十七日、その内容を幕府老中に報告した。それによると「一揆の者どもの大方は百姓とのことである。もちろんその内に牢人なども少々交じっていると思われるが、この類の者が五千三千いたところで、大将となれるような者がいるはずはないだろう。計画的戦闘などできるはずはないから少し軍勢を派遣すれば鎮圧できると思われる。大方唐津藩の若者たちがただしゃにむに攻めかかったあげく、総崩れになったのだろう」と述べている（『薩藩旧記雑録』）。然《しか》るべき大将のいない、「百姓」主体の一揆という認識が露わに示されているといえよう。

板倉重昌の縁者であった戸田氏鉄《うじかね》は、重昌に宛てた手紙で「籠城しているとはいえ、たかが百姓であり全力で攻撃すれば、落ちるはずのものを何日もかけて攻撃しているのはよろしくない、全力で攻撃すべし」と叱咤《しった》したために、板倉重昌は無理攻めして戦死したのだ、との噂が戦死直後にながれていた（『志方半兵衛言上書』）。ここにも「一揆」は「百姓」との十六世紀後期以来の観念がみられる。ちなみにこの氏鉄の考えに対し松平信綱は「百姓とはいっても城を構え、命をかけているだろうから、他所《よそ》から余計な指図は無用である」とたしなめたという（同上）。一揆をみくびっているか、そうでないかの違いはあれ、一揆を「百姓」とみる点は同じである。

訴訟する一揆

第三に、一揆が単に問答無用で鎮圧すべき対象とは見なされず、「訴訟」を意図した集団と見なされていたことである。

佐賀藩家老の多久茂辰が十月三十日、江戸へ通報した書状には、一揆が松倉家の厳しい年貢取立てを幕府に訴えるために蜂起したとの噂が記されている（『勝茂公譜考補』）。彼らは厳しい取立てにより、命を継ぎがたく、いったんキリシタンになり、その糺明《きゅうめい》のために幕府から検使がやってきた機会を捉えて訴訟しようというつもりだ、というのが噂の内容である。もちろん現実の一揆にこのような意図はなかったけれども、一揆を当時の人々が「公儀」への訴訟を意図したものと見なしていたことは注目される。

幕府軍の松平信綱もまた、正月中旬に一揆方に対して、今度原城に籠城したのは「天下」すなわち将軍家光に恨みがあるのか、または「長門」すなわち松倉家に恨みがあるのか、その内容によっては聞き届け、和睦したうえで本宅への帰宅や耕作も許し、飯米を遣わし、年貢を免除してやってもよいと交渉をもちかけた（『新撰御家譜』正月中旬松平信綱証状）。一揆方もまたこれに対して矢文を放ち「上様への異議申し立てでも、松倉殿への異議申し立てでもなく、ただ宗門を許されるために籠城している」のであると回答した

(『新撰御家譜』)。

もっとも籠城する一揆方に対し、幕府軍の首脳がやはり「上様への異議申し立てか、地頭(すなわち松倉氏)への不満によるのか」と口頭で打診したところ「誰に対しての恨みでもない。この数年キリシタンを殺害なされたのであるから、それと同じだけの人数を殺したいだけだ」と城中から返事があったという証言もある(『志方半兵衛言上書』正月十二日状)。一揆が首脳部の指揮のもとに統制がとれた軍団ではなく、一筋縄ではいかない複雑な構成をもっていたことが窺えるが、一揆の首脳部に関する限り、やはり宗門の容認を求めた訴訟を意図した集団とみることはできよう。

幕府への訴訟を意図する武装蜂起という側面は前述のように、徳政を求める十五世紀の土一揆にも見出せる(「土一揆来襲の恒常化」)。武力行使・武装蜂起をあくまでも訴訟と一体のものであると見なす、中世の気風はここでも健在である。これ以降、武力蜂起が訴訟を意図したものとみる、中世の観念は変質し、強訴《ごうそ》は一揆ではないという、百姓一揆にみられる観念が有力になっていくと思われる。この乱はその変質以前に起こったものであり、土一揆の面影を伝えるものといえよう。

代替りの観念・武力強制

第四に、この蜂起は「代替り」の観念に裏付けられていることである。十月末に、天草のキリシタン蜂起の動静を探りに細川家が派遣した使者は、須子村で、村の住民に鉄砲を差し当てられて止められた。「富岡城代三宅藤兵衛の所へ八代から向かう使者であるから通せ」と要求する使者に対し、住民たちは「三宅藤兵衛が城代さまだった時代など昔のことだ。今はデイウスの時代になったのだから、お前のような使者など通すいわれはない」と言い放った（『御家中文通の内抜書』）。天草地方の民衆は、寺沢の支配が終わり、キリシタンの神デウスが支配する時代になったとして、支配者の代替りを主張していたのである。

さらに寛永十四年（一六三七）には春から徳川家光が病気で死去したとの風説が流れていたと伝えられる。キリシタンたちは「我々が最も優れた教えに背《そむ》いて仏法に帰依したのは、心からのものではなくキリシタン信仰に対する弾圧が厳しかったからではないか。今将軍が死んで、まだ跡継ぎの就任もない以上、誰に信仰を禁ずることができようか。同志と図ってキリシタンを再興し、島原城を乗っ取り、長崎を奪い、信仰を広めて帰依しない者は殺害し、焼き滅ぼし、九州を制圧して大坂に軍勢を進めよう」と煽動《せんどう》したという。この話は、一揆の指導者の一人であり、最終局面で幕府方に寝返った山田右衛門作の話として、松平信綱の子松平輝綱の手で書きとめられているものであり（『大河内家記録』一二三）、情報源としてはそれなりに信頼のおけるものであるといえよう。

いずれも代替りの観念が広がっていく中で一揆が蜂起したことをうかがわせるものといえよう。土一揆の徳政要求が代替りをも理由としていたことが想起される。

またこの一揆が村々に同心を要請し、しばしば武力で強制していることである。熊本藩の井口少左衛門という武士が十一月半ばに行なった国家老への報告によると、御領村の村民はキリシタンではない、との理由で一揆が村に放火したので、村民は船に乗って沖へ逃げたという。さらに一揆側はキリシタンになれば味方にしてやるが、ならなければ討ち果たすと脅迫したため、やむを得ずキリシタンになったという（『御書奉書言上扣』）。十五世紀の嘉吉《かきつ》元年頃、若狭国太良庄《たらのしょう》の住民が、当地で土一揆が徳政令を発し、いかなる借物も返済してはならないと決定した、背けば庄内にどのような制裁がなされるか分からない、と述べたこと（「十五世紀前期の京都と土一揆」）が想起される。武力を背景とした支配権の主張は、土一揆の行動と酷似している。

以上、島原の乱にも土一揆の、かなり本質的な特徴のあることが明らかになったと考えられる。なぜそういうことになるのか、実は十七世紀前期の社会状況がほぼ戦国と変わってはいなかったのである。以下この点についてみてみたい。

「百姓」の動員

通常は江戸幕府開府に始まる近世社会は兵農分離の社会と考えられている。「兵」すなわち侍身分の武士は城下町に住み、城の主である藩主に家臣として仕えるのに対し、「農」すなわち「百姓」身分の村の住民などはもっぱら農業に携わる。いざ戦争という場面になれば、幕府や藩主などの命令で戦場に出向くのは武士であり、農民は、ごく一部の武家に仕える者を除いて前線で戦うようなことはない。戦国の雑兵や足軽はもはや過去の時代のことと考えられてきた。たしかに江戸時代の三〇〇年を全体的にみれば、このようにいうこともできるだろう。

ところが、江戸時代も細かくみれば若干状況は違っていた。島原の乱においては、農民もまた、一揆方のみならず、島原藩、唐津藩方にも動員され、戦ったのである。

松倉家中の藩士をはじめ、一揆との戦いにかかわった武士たちの陳述を記録したと思われる「新座衆申上相済候留」（『野村氏島原陣記録』）には新甚左衛門という武士の陳述が記録されている。それによると、最初に島原地方で一揆が蜂起した時、松倉家中の新甚左衛門は、小浜・千々石《ちぢわ》村のキリシタンたちに対抗して、三室・山田・守山・野井・相津の五ヵ村の住民を引き連れ、千々石村を攻撃し、焼討ちを行ない、さらに小浜村、千々石村に政治工作を行なって村の一揆方のうち一四〇九人を松倉方に帰参させたという。

唐津藩でも「百姓」を動員していた。熊本藩の松崎助左衛門が十一月十七日、国家老に上申した報告書には天草からの落人《おちうど》が伝えた、以下のような情報が記されている。天草で蜂起した一揆を鎮圧にむかった寺沢家中の中島与左衛門という武士は、自身が率いる鉄砲隊二〇人の他に「百姓共」四〇〇人を率いて島子《しまご》に陣を取っていたところ、一揆方三〇〇〇人ばかりの襲撃をうけた。この時「何分百姓のことで、与左衛門の部隊は悉《ことごと》く逃げ散った」という（『御家中文通の内抜書』）。

唐津藩士については、島原の乱の時の行動を、乱後の寛永十七年二月に言上した記録が、寺沢光世・鶴田倉造両氏の校注された『寺沢藩士による天草一揆書上』に収められており、その活動を知ることができる。それによると、天草新介という武士は富岡城代三宅藤兵衛に従って十一月二日に大島子《おおしまご》に出陣した。その際に三宅藤兵衛から預かった「在郷鉄砲十挺」に加え、在々所々に「譜代の者」と申し合わせて味方となった百姓に一〇挺の鉄砲をもたせ、召し使う者三〇人ほどを率いて出立《しゅったつ》したという。また横野弥三右衛門という武士は、やはり十一月二日大島子に、河内浦組の百姓たちに鉄砲を持たせ、中島与左衛門に属して出陣したという。唐津藩の軍勢は百姓を動員して編成されていたのである。

二月五日、熊本藩主細川忠利は国家老長岡監物《けんもつ》に「今度、島原への動員に関しては、百姓も給人にしたがい参陣したことはまことに奇特なことであり、軍勢の少ない給地では多数の百姓が動員されたこともあるに違いない。また去年の虫害で、百姓も被害に苦しんでいることもあろう。戦いの後帰陣したならば、訴訟を聞く用意があるから、給人地はもちろん蔵納地（藩の直轄地）についても、庄屋の言い分を聞いておくように」と指示している（『綿考輯録』）。

事実熊本藩では、十二月に行なわれた天草への進撃にも農民が動員されていた。熊本藩士の志方半兵衛は正月九日の言上状で「天草へ渡った軍勢は一万五千人、その編成は侍一人が百人を率いるとすると、そのうち六十人余りは『百姓の駆り出し』であり、鉄砲衆というのは地侍であり、在郷の鉄砲人足をも数にいれて、全部で一万五千人である」と述べている（『志方半兵衛言上書』）。

島原の乱に際しては、いったんことあれば、大名や武士に率いられて「百姓」身分の村民が戦場に赴くことが、ごく自然に行なわれた。「百姓」身分の者たちの動員が普通のことだった戦国の気風はまだ健在だったのである。いいかえれば、牢人たちに従って一揆に加わることも普通のことだったことになる。島原の乱が土一揆としての特徴をもつことの背景の一つがここにあるということができよう。

戦国の作法

実際のところ、村が一揆の動員令に従うことも、この時代には珍しいことは考えられていなかった。一揆の蜂起を知った島原藩では十月二十六日、島原城下近隣の安徳村に使いをたて、敵方すなわち一揆方につくのか、味方になるのかを問い合わせたところ、村側は味方になると回答したので、村の「頭分」の者四人を人質として、籠城の人数に加えたという（『島原藩日帳』）。藩にとっても味方の村民を組織することが急務だったことが窺えよう。

その籠城した領民も、藩側にとっては決して心を許せる存在ではなかった。十一月上旬に、佐賀藩が島原城へ状況を聞き合わせるために派遣した使者に、籠城していた島原藩家老たちは城から撃って出て一揆方と戦えない事情を語った（『諫早有馬記録』）。現在島原城内には譜代の家臣は僅か三〇〇人ほどいるに過ぎない。そのうちたとえば二〇〇を率いて一揆方の村を攻撃に出れば、籠城している奉公人や郷民が反乱を起こして城に放火する可能性がある。なにしろその数は千四、五百もあるのだから、一〇〇程度の譜代家臣では抑えきれない、というのである（同上）。もちろんキリシタンに同情的な人々が多かったために、こうした可能性が高かったこともあるが、彼らが常に藩側と一揆側との力関係を読んで行動していたこと、あくまで自力による生残りを考えていたことのほうが注目される。

天草地方の一揆が蜂起し、唐津藩から派遣された軍勢との戦いで藩側が敗れ、富岡城代三宅重利が戦死するなど、一揆方が優勢であった時期には天草地域の村々は一揆方についていた。ところが劣勢となった一揆が退散した後は寝返り、藩側に帰順している。十一月下旬の熊本藩士の報告では「本渡《ほんど》から志岐《しき》にかけての村々はキリシタン方に味方していたが、キリシタンたちが上津浦に退去したので、寝返って退去するキリシタンを追討し、大勢のキリシタンを討取った」と記している（『島原日記』）。

またこのことを唐津に報告に向かう飛脚の語ったところでは、「天草の城周辺の者たちが帰順を申し出たので、城内からは、百姓たちそれぞれは家にいたまま、藩に味方するように、頭分の者三人は逮捕して城中に置いておくと回答した」という（『諫早有馬記録』）。一揆方についた村民の穿鑿《せんさく》などしている状況ではなかったのだろうが、敵方村民の「裏返り」すなわち寝返りを黙認することも、戦国の作法においては自然なことであった。

藩側もこうした村民らの行動を十分に意識し、村民の支持をとりつけて組織し、戦況を好転させようとした。十一月十四日、唐津藩側と一揆方が本渡で交戦し、敗退した藩側を指揮していた中島与左衛門は配下の藩士を率いて富岡城まで撤退しようとした。その配下に属していた陰山仁右衛門はあくまで川内浦でふみ留まることを主張したが、与左衛門の容れるところとならず、とうとう壱丁田村の庄屋半左衛門に共にここで戦おうと談合をもちかけた（『寺沢藩士による天草一揆書上』）。これに対して半左衛門は、与左衛門殿が撤退され、もはや村々も「自焼」（自ら村を焼いて撤退すること）しようとしている状況なので、談合に応じる領民はいるはずがない、と反論したので、仁右衛門も仕方なく撤退したという（同上）。庄屋の率いる村民もまた、藩にとって大事な戦力だったことが分かる。村民が戦況をみながら武士と協力して戦う、という事態がまだ当然な時代だった。

また十一月二十五日、天草富岡城を囲んでいた一揆を撃退した後、指揮をとっていた原田伊与は、藩士の菅善右衛門と呼子平右衛門とに命じ、鉄砲衆十数人を引き連れて在々所々を打ち廻り、富岡城は堅固であるから安心するよう、庄屋・百姓らに申し聞かせよ、と命じた（『寺沢藩士による天草一揆書上』）。二人は在々を打ち廻って村々に通達したが、食場村では一揆百四、五十人が現れ、食場村の村民の男女を残らず召連れ、上津浦に引き上げたという（同上）。藩にとっても、一揆にとっても村民の組織は重要であり、藩側からの宣伝活動が行なわれた。

「百姓は草の靡《なび》き」という戦国の諺《ことわざ》は未だ健在であった。天草地方の村民たちの行動はまさにこの諺どおりであり、またそれが許された。なぜなら、彼らは戦力として武士たちからも一目置かれていたからである。これもまた土一揆の蜂起を可能にする土壌であったと考えられよう。戦国の気風はここかしこに残存していたと想像される。

飢饉・乱取

最後に付け加えれば、島原の乱の一揆蜂起は飢饉を背景にしていた。寛永十四年には、九州地方は三年来の飢饉に見舞われていた。細川忠利はこの年の正月、「国々詰り、田畠のことも厳しく」領民は「悉く本国を離れ日用などに参り」「去々年、去年作も違い候故、いよいよ下々飢えのみ」と述べている（『綿考輯録』）。『相良氏年代記』には「この年大飢饉にて山野の草木の根、葉を食す」と記されている。飢饉における一揆の発動とはまさに戦国時代の状況そのままであるが、飢饉はまた一方で、一揆を鎮圧するために藩側が農民を動員することのできた事情にもかかわっているのかも知れない。

事実、一揆の面々は足軽や雑兵と同じく、寺社や町に放火し、掠奪を行ない、「乱取《らんどり》」と呼ばれる人身拉致《らち》を行なった。島原の城下町に攻め込んだ一揆が町を焼き、寺院を焼いたことはよく知られている。特に寺院や僧侶が放火や殺害の標的となったことは、宗教一揆としての特徴を窺わせる。

女性を捕虜にする「乱取」も行なわれた。十月二十六日、島原城下に押寄せた一揆は放火・掠奪を行ない島原城に避難し遅れた女性を拉致した。中には堀の中で死んだふりをして一揆をやり過ごし、後に城内に逃げ込んだ女性もいた。島原藩士富岡弥左衛門の妻と娘は夫の戦死を歎き悲しんでいるところを捕えられ、一揆の捕虜となり、原城落城前日に逃げ出して細川忠利の軍に投降し、助命されたという（『佐野弥七左衛門覚書』）。熊本藩士の志方半兵衛が正月八日に出した報告書では、松倉家中の侍には家族の女性を一揆に拉致された者がおり、これらの女性の若いものは、一揆の独身の男が自分の妻にし、年取った女性には飯炊きをさせている、と城からの落人たちが証言したとの噂があり、このため松倉勢は城攻めに殊《こと》の外《ほか》熱心であり、討死も多い、と記している（『志方半兵衛言上書』）。

キリシタン一揆が女性を乱取したことは恐らく事実であろう。飢饉に際して「食うために」「生残りをかけて」従軍するという雑兵の行動様式は一揆の中にもみられた。

百姓一揆の思考

「一揆」と「百姓一揆」

島原の乱が鎮圧された後、十七世紀後半になって、学問的に「百姓一揆」と呼ばれる村民の活動が目立ってくるようになる。当時の言葉で「徒党」「強訴《ごうそ》」「逃散《ちょうさん》」「打ちこわし」などと呼ばれるものがその内実である。この「徒党」は、幕府や藩によって、島原の乱以降の十七世紀半ば頃から、規制の対象として大きくとりあげられるようになっていったとされている。

もっとも村民が領主の非法を大名や幕府に直訴《じきそ》したり、要求を掲げて集団で大名や幕府に訴訟したり、要求を容認させるべく生業を放棄して逃散したりといった、「百姓一揆」とされるような行動の総《すべ》てが無条件に禁止されていたわけではないことが、近年保坂智氏などによって指摘されている（『百姓一揆とその作法』）。十七世紀の初めから村の住民による、藩主である大名や将軍への直訴は盛んに行なわれており、敗訴すれば成敗される危険性をともなうものの、基本的には容認されていた。

また逃散も、十七世紀の初めからしばしば行なわれている。そして逃散した村民が必ずしも処罰されたわけではなく、かえって掲げた要求が承認された場合も少なくなかった。さらに幕府さえ、鎌倉時代の『御成敗式目《ごせいばいしきもく》』の規定をそのまま踏襲して、年貢の滞納がない場合については、領主や代官を忌避して別のところに居住することを認めていた。

これが集団によって徒党をなして要求を承認させるべく圧力をかけるような強訴、あるいは打ちこわしとなると、さすがに幕府も容認するわけにはいかなかったが、それでも無前提に処罰する、というわけではなかった。文句なく処罰されるのは「一揆」であって強訴ではなかったからである。寛延二年（一七四九）の陸奥国信夫・伊達郡の幕領で起こった百姓一揆を記録した「伊信騒動記」には、この騒動が島原の乱などのような「一揆」ではなく「強訴」である、だから武器をもつことはなかったと記されていることは著名な事実である。

十八世紀後半に至るまで、村の住民たちの、領主の非法を訴えたり、年貢減免を要求したりする、一致団結した運動は原則として「一揆」とは呼ばれなかった。「一揆」とは島原の乱にみられるような武装闘争を指す言葉であり、村民たちの「成り立ち」すなわち日常生活の維持を大義名分とした運動は、別物とみなされていたのである。

象徴的武装

近世の村民の運動はなぜ、一揆とは見なされなかったのであろうか。保坂氏によると、基本的に武器を携帯しなかった点に求められるという。先ほどふれた「伊信騒動記」に「一揆にはあらで強訴のことに候へば、手道具を持たざるは勿《もち》論《ろん》のこと」と記されていることは、その証左といえよう。近世の中後期には数千から数万の農民が一国・一藩規模で強訴・打ちこわしを行なうものの、彼らは刀剣・鉄砲などの武器を携行していないのが普通であった。大勢の村民が徒党を組んで日頃から不満をもつ村役人などの家を打ち壊すような場合にも、藩の役人に対しては訴状や願書を差し出して訴え出ることのほうが多かった。破壊が必ずしも主眼ではなかったことが窺《うかが》える。

この点は、斎藤洋一、藪田貫氏によれば百姓一揆の農民が携行した「得物《えもの》」に最も鮮明に現れているとされる。たとえば「百姓の得道具は鎌鍬《かまくわ》より外になし」(「因伯民乱太平記」)などといわれるように、天保七年(一八三六)の三河国加茂一揆ではこれら「得物」は山刀《やまがたな》・鳶口《とびぐち》・鉈《なた》などに比べて鎌が圧倒的な多数を占めたという。寛延三年の甲斐国米倉騒動に参加した農民は、我々は百姓であるから「帯刀」は無用であり、棒・鎌・斧《おの》を持つのだといったとされる。百姓一揆が自ら帯刀を禁止した事例は多くみられる。携行された例も少なくない竹槍は、殺傷能力のある「得物」ではあるが、保坂氏によれば、豪農や商人の自警団から身を守る護身用として、あるいは威嚇《いかく》するためのものだったという。

このように百姓一揆で用いられた「得物」を、殺傷や破壊を目的とする武器とみることは妥当とはいえないだろう。それらは鎌に典型的にみられるように、「百姓」と呼ばれた村民たちの社会的立場を象徴するものであった。ここでの「得物」は百姓一揆の携行する訴状にも劣らず、彼らの行動の意味を雄弁に物語る言葉としての役割を果たしていたのだとみることができよう。

一揆が、島原の乱にみられるように刀・弓・槍・鉄砲で完全に武装し、すなわち殺傷・破壊をこととする集団であることを公然と主張しながら、一方では「御上」への訴訟を目的とする集団と見なされていたことは既にみた。これと比較すれば百姓一揆はむしろ武装を象徴に換えることによって、訴訟を目的とする集団であることをより歴然と強調しているということができる。中世の土一揆や一揆とは明らかに異なる行動様式がみられ、この行動様式の違いに、民衆が中世と訣別《けつべつ》したことを窺うことができるように思われる。

平和の到来

このような民衆の行動様式が変化したことの背景としてはさまざまな要素が考えられよう。しかし最も簡単に想定できることとしては、戦国の争乱の気配がようやく遠のき、人々が平和を実感し始めたことが大きいと思われる。松永貞徳《ていとく》が『戴恩記《たいおんき》』の中で、「御当家様の御恩こそ山よりも高く、海よりも深きことにてはべれ」と江戸幕府を開いた徳川家が平和をもたらしたことに対して最大の賛辞を述べたのは、寛永末年から正保年間初年にかけて（一六四〇年代）のことであったとされている。単に幕府による全国統制が現実化したというだけではなく、平和が社会的に実感され始めたのであろう。

このことは民衆の行動様式にも現れてくる。既に藤木久志氏によって、村間相論などにおいて、武力行使が自制される傾向が十六世紀末からみられることが指摘されている。また水本邦彦氏によれば、十七世紀前期の初期村方騒動においては庄屋とほぼ同格の年寄が村民を率いて主導することが多かったのに対し、十七世紀後期の前期村方騒動においては庄屋・年寄を糺弾《きゅうだん》の対象とする小百姓らを主体とするものが多くなるという。村内部の力関係が変化したことを窺わせるが、ここにも「平和」の実感されたことが影響しているのではないだろうか。

既に島原の乱でみたように、戦乱に際して村の行動を統括していたのは庄屋層である。彼らが政治判断を行ない、武士勢力とも折衝《せっしょう》し、村の行動を左右していた。村が戦争に対処しなければならない時代には庄屋層が大きな権限をもって行動することが村にとってても必要であった。だが戦乱の気配が遠のいてみれば、これまで庄屋層が村民に対してもっていた指揮や指導の権限が、一般村民に対して過剰な干渉にみえてくるような事態は容易に想像される。村民たちは庄屋・年寄層との新たな関係を求め始めたように思われる。

領主層もまた、平和な時代にふさわしい村民との対応を行なうようになったと思われる。村民の集団行動に対しては、領主も力ずくで弾圧することはなく、殊に百姓一揆が鉄砲を武器として使用しない限り、鎮圧する側も鉄砲を向けないとの原則があったことが指摘されている。たとえば明和五年（一七六八）に大和国各地で百姓一揆が蜂起した時のこと、十一月に旗本神保氏領の一五ヵ村の住民たちは池尻村（橿原市）の陣屋に、年貢減免をはじめとする訴訟が聞き入れられなければ、陣屋を打ちこわして逃散することを申し合わせて押寄せた。陣屋側では発砲したが、村民側は逃げ散る様子がないので、代官の猪股三太兵衛という役人が出てきて、村民の願いのとおり、必ず自分が刀にかけて江戸で命がけの訴訟をすることを請合った。これを聞いたうえで村民は退去したという（「曾我村堀内長玄覚書」)。

発砲によって村民が死傷していたなら、その直後に代官側とともかくも交渉が行なわれるなど、とても考えられることではない。この場合の陣屋側の発砲が脅しを目的としたものであり、殺傷など考えていなかったことは全体の状況から明らかであろう。百姓一揆の方も「鳴物」としては鉄砲を使用していた。領主が村民に銃を向けるなど、よほどのことがない限り起こらない事態だったという事情が窺える。

このような時代に一方で、武装をこととする一揆は非合法なものとして無条件に禁止されていた。明治五年(一八七二)、明治政府から派遣された岩倉使節団に随行してパリを訪問した久米邦武は「其後《そのご》『コンミュン』の乱とて国内に一揆起りて、政府に抗抵し、府中の大乱となり、その時に民党の一揆共、此門に大砲を上せて砲台となして北に向ひて『ウェルサイユ』『モンワレヤン』を射て拒戦なしたる故に、政府より已《やむ》を得ず、砲を打懸けてこれを攘《はら》ひ退《の》けたり」と、前年に起こったパリ・コミューンについて記している(『米欧回覧実記』三)。江戸時代の伝統的観念の中で育った久米にとって、プロイセンとの妥協を図るティエールの政府に反逆して武装蜂起したパリ・コミューンは、まさしく「一揆」であった。

以上のような社会状況の変化を背景として、民衆は土一揆ないし一揆と訣別したと考えられる。訴訟を企てる民衆も、これに対処する支配層も、直接的な殺傷・破壊を目的として武力を行使することは例外的な場合しかない、という傾向が、日本人の乱世からの脱却をきっかけとして社会のさまざまな場面に浸透していったと考えられる。そして近世という時代を通じてこの傾向は恐らく支配的だったと思われる。

象徴の武装と殺戮・破壊

このような、いわば百姓一揆的思考は近代を迎えて以降、竹槍などが直接殺傷のために用いられた明治初期の新政反対一揆などにも見られるように、大きな変化を蒙ったと想像される。既に十九世紀前半に、百姓一揆の性格が変容するにつれ、鎮圧に鉄砲が用いられる例が目立ってくるとの指摘もある。しかしその一方で社会のある部面では、戦後の高度成長期に至るまで日本には生き続けていたとも想像され、一九六〇年代の街頭デモ、象徴的「武装」を強調した学生デモなども共通する思考をもっていたように想像される。しかしそれ以降、この思考は社会の表面から消えていったのだろう、二十世紀末へと向かうにつれ「武装」の象徴的意味は無視され、暴力はあくまでも単に暴力でしかない、という割り切った欧米風の思考が日本のみならず、「世界」を席捲《せっけん》するようになった。

これにともない一般庶民の、象徴的「武装」などの非常手段に訴える直接行動は、徐々に減少していったようにみえる。非常手段に訴える自己主張はなんであれ、非合法な暴力ないしテロとみなされて否定され、公然たる言論以外正当なものと見なされることはないからである。象徴の言語を読もうとしなくなった、このような「世界」的風潮の中で、日本の社会もまた百姓一揆の思考から脱却していったものと想像される。二十世紀後期以降、日本人の行動様式はまた変化の時代を迎えつつあるのかもしれない。

しかし一方、暴力は単に暴力でしかないとの思考が支配する、二十一世紀を迎えたばかりの現代世界をみると、言葉やメッセージの力は、かつてに比べてなぜか目に見えて衰弱してしまった感がある。その代わりに残虐で大規模な殺傷・破壊のみを目的とした物理的暴力がかえってその分だけ、より大きな力を発揮し始めたような錯覚すら覚える。武装による中世の自己主張と十七世紀半ば頃訣別し、象徴的「武装」による行動様式を獲得していったはずの日本人は、このような世界的潮流の中でどのような未来を迎えるのだろうか。

民衆の中世を考える——エピローグ

土一揆の誕生と消滅

土一揆という言葉の初見は十四世紀に遡《さかのぼ》るが、京都で頻繁にみられるようになるのは十五世紀になってからである。そしてその終点は、十七世紀前半、島原の乱以降、百姓一揆という、新たな直接行動の形態が広まる一方で、「一揆」が非合法な武力蜂起として無条件に幕府や藩によって禁止されることになった時点である。

これまでの通説では、土一揆は村落住民の結合と同一視されることが多かったが、その実態は必ずしもそのようなものばかりではない。特に徳政を求めて京都に来襲する土一揆は、牢人や大名被官などの「大将」に率いられた、民衆の武力に訴えた訴訟行動であった。

その中には村を捨てて食うために京都にやってきた流民《りゅうみん》や、村から一本釣りのような形で組織された人々、大名・武士の被官や、寺院などの下級使用人など、さまざまな社会的位置にいる、さまざまな地域の人々が「大将」のもとに組織されていた。その意味では足軽の集団に酷似している。土一揆はまた悪党とも、しばしば同一視されていた。その足軽や悪党が土一揆と前後して歴史の表舞台に登場している点は興味深い。

さらに侍身分の指導者に率いられた民衆の集団という意味では、特定の生活領域を占拠・用益する権利を主張するという行動様式は大きく異なるものの、村もまた、広い意味では共通点をもつ集団と見なすことができる。特に村を守るために、幕府や大名の軍事動員に服して、あるいは自発的に幕府や大名の味方として村自体が蜂起する時代になってからは、村落住民の結合に根ざす土一揆が普通にみられるようになる。その一方で、十六世紀後期には土一揆という言葉は聞かれなくなり、単に一揆と呼ばれるようになった。

しかし大名や武士たちに村民や流民が動員され、戦場に赴くという事態は、土一揆が一揆と呼ばれるようになってからも依然続く。統一政権が成立し、江戸幕府が開かれ、大名同士の戦争がほとんどなくなってからも断続的に続いた。村や町に属する住民の方も、常に戦乱にそなえ、いつでも蜂起できるような態勢を維持する、という行動様式は、人々が平和の到来を実感するような社会状況となるまで変わらなかった。十七世紀半ばをめどに民衆は中世と訣別《けつべつ》し、訴訟を掲げた、あらたな直接行動の様式である百姓一揆が、替りに民衆世界に根付くようになっていったと考えられる。

民衆の中世

こうしてみると、土一揆が民衆に近しい存在として、その日常生活に大きな影響を与えていたという側面を重視すれば、十四、五世紀から十七世紀前期までを一つの時代とみることが可能であろう。既に一〇年ほど前に勝俣鎮夫氏が、応仁の乱から十七世紀前半までを、近世・近代の村・町社会の出発点となったという意味で、ひとつの時代と捉える観点を提起されてから、中世史研究者の間ではこのような見方が注目を集めてきた。そして土一揆の歴史的変遷は、この見解に合致するところが少なくないようにみえる。それはいわば、民衆の中世とでもいうべき時代のように思われる。

もちろん中世は十六世紀末で終わる、というのが現代の日本史学界では最も有力な見解であり、この時代区分は政治史や制度史などの分野では、さまざまな事象を説明するのにきわめて有効であることに変わりはない。ただし民衆世界の行動様式についてまで、この時代区分が有効であるとは必ずしもいえないのではないか。中世という時代区分自体が歴史事象を整理するために考え出されたものであり、体内に心臓という臓器がある、というのと同じ意味で中世という時代が存在するわけではないからである。その意味で民衆の行動様式については別の時代区分が有効であることもありうることだと思われる。

本書では土一揆を、徳政を求めて京都に来襲するものだけを対象とするのではなく、史料の言葉から窺うことのできる実態にできるだけ即して、また、土一揆に関する当時の人々の社会常識をできるだけ重視しながら検討することを試みた。それがどれだけ成功しているかの検証は、今後の課題である。それどころか未だ始まったばかりの拙い試みである本書には、未だ十分検証を経ていない弱点も多いと思われる。こうした批判については、今後さらに研究が必要であることはいうまでもない。しかし土一揆が通説にいわれるよりも、ずっと複雑な実態と、ずっと広い裾野をもった歴史事象であることだけは最後に強調しておきたい。

あとがき

かつて土一揆は中世民衆の闘争の最先端に位置するものとみなされていた。大名や幕府の圧政に対して敢然と蜂起する近世の百姓一揆と同様に、幕府権力に徳政《とくせい》を要求する、村ぐるみの農民闘争と考えられてきたのである。しかし近年は藤木久志氏の研究を始めとして実態の解明が進み、土一揆像はかなり様変わりしている。

まず土一揆の拠り所とみなされた村が、農業によりなんとか食べていけるような安定した住処ではなかったこと、中世後期、頻繁に襲った飢饉《ききん》の折には、食うために都市へ流れ込む流民たちが少なくなく、彼らの生命維持の営為と土一揆とが密接に関わっていることが指摘された。また村民が、必ずしも一丸となって土一揆に参加するわけではないこと、現実に起こった土一揆の中で村ぐるみのものは決して主流とはいえないことも指摘された。そして戦乱の時代のきっかけとなった応仁《おうにん》の乱《らん》が、都市に集った流民、村・町の所属から離れた村民、都市民らが足軽《あしがる》など雑兵《ぞうひょう》に組織されてなされた戦闘、すなわち形を変えた土一揆であることが指摘されるに至ったのである。

このような土一揆が村や町の住民にとって、必ずしも好ましい存在とは限らないことはたやすく想像される。土一揆は大名の軍隊や富裕な土倉《どそう》・酒屋《さかや》を襲うだけではなく、細々ながら日々の糧を得ていた一般庶民も容赦なく攻撃対象とする。幕府や土倉を追込むだけではなく、質屋・金融業者のお世話になっていた弱者からも生活の道を剝奪する。

かといって土一揆は、営々と日常を送る庶民と無関係であるどころか、その庶民の参加から生まれるのである。足軽・雑兵・一揆として掠奪し、住民を襲撃する側になるか、村や町の住民として襲撃される側になるかはほんの紙一重の差でしかない。村民の方でも土一揆討伐のために従軍することもあれば、土一揆のもたらした徳政に便乗することもある。加害者と被害者との線引きは無意味で、誰もが自前の力と知恵を駆使して戦乱を生き抜いたとしかいえないのである。

これまでの歴史学では、民衆は絶対的な悪である戦争の、一方的な被害者と考えられることが多かった。しかし戦争が常態であるような時代、民衆には被害を歎き、憤っている暇はなかったし、大名の軍隊の非人道的行動を批判したりする余裕もなかっただろう。むしろ生き残るために自ら戦争に関わり、苦闘の中で獲得した知恵を次の世代に伝えていったように見える。「百姓は草の靡《なび》き」（状況をみて強者に味方するもの）という戦国の諺《ことわざ》も、情勢に単に受身の形でしか関われない民衆を意味するのではなく、戦乱に関わる際の、したたかな知恵を暗示しているように思われる。

このような視点から土一揆をみた場合、主役は土一揆それ自体ではなく、土一揆に関わった人々になるだろう。ある時は土一揆に加わり、ある時は土一揆から身を守る民衆、ある時は土一揆のしきる秩序に従い、ある時は土一揆に武力で立ち向かった民衆がどのように土一揆の時代を生き抜いたかが問題である。戦闘や一揆蜂起に注目するよりも、戦闘や一揆蜂起に直面しながらの人々の行動にこそ、注目することが課題となるのである。

戦争や一揆に適応していった民衆の日常を事実に即して明らかにする必要があるが、しかしそれを全面的に、しかも現段階で行なうことは筆者の能力を遠く超える。とりあえず土一揆とこれにさまざまな形で関わった人々の動きを、できるだけ具体的に把握することに努めるくらいしか、可能なアプローチは見当たらなかった。本書はその作業の、ひとまずの区切りとして提出するレポートである。

本書を執筆するにあたり、とりあえず先学の研究の中で扱われてきた史料を、自分なりの観点から再読することに努めたが、この作業は、二〇〇二年度に東京大学史料編纂所で国内研修の機会を与えられ、史料検索の多大な便宜を得たことに多くを負っている。同編纂所に、そして特に指導教官を引き受けて下さった林譲氏と、東寺文書解読の苦闘に際して貴重な御教示を賜った高橋敏子氏とに心より感謝申し上げたい。

最後になったが本書の編集の労をとって下さった吉川弘文館の大岩由明氏、ならびに製作に当たられ、お世話になった岡庭由佳氏に心より感謝の言葉を申し述べたい。

二〇〇四年六月

神田千里

主要参考文献

青木虹二編『編年百姓一揆史料集成』第一巻、三一書房、一九七九年
阿諏訪青美「戦国期大和の在地と法隆寺蔵」『中世庶民信仰経済の研究』校倉書房、二〇〇四年
阿部浩一「戦国期徳政の事例検討」『戦国期の徳政と地域社会』吉川弘文館、二〇〇一年
新井孝重「悪党と宮たち」、村井章介編『南北朝の動乱』〈日本の時代史10〉吉川弘文館、二〇〇三年
安藤優一郎「百姓一揆における鉄砲相互不使用原則の崩壊」『歴史学研究』七一三号、一九九八年
稲垣泰彦「応仁・文明の乱」『日本中世社会史論』東京大学出版会、一九八一年、初出一九六三年
今谷　明「文安土一揆の背景」『室町幕府解体過程の研究』岩波書店、一九八五年、初出一九七四年
煎本増夫『島原の乱』教育社歴史新書、一九八〇年
岡田章雄『天草時貞』吉川弘文館、一九六〇年
海津一朗『中世の変革と徳政』吉川弘文館、一九九四年
笠松宏至「甲乙人」『法と言葉の中世史』平凡社、一九八四年、初出一九八一年
紙屋敦之「梅北一揆の歴史的意義」『日本史研究』一五七、一九七五年
勝俣鎮夫「地発と徳政一揆」『戦国法成立史論』東京大学出版会、一九七九年
『一揆』岩波新書、一九八二年
『戦国時代論』岩波書店、一九九六年

神田千里「土一揆像の再検討」『史学雑誌』一一〇―三、二〇〇一年
「織田政権の支配の論理に関する一考察」『東洋大学文学部紀要』五五、史学科編二七、二〇〇二年
『戦国乱世を生きる力』〈日本の中世11〉中央公論新社、二〇〇二年
「土一揆としての島原の乱」『東洋大学文学部紀要』第五七集史学科編二九号、二〇〇四年
「一向一揆と土一揆」『戦国史研究』四八、二〇〇四年
久保田昌希「戦国期松平権力と徳政令」、小和田哲男編『徳川氏の研究』〈戦国大名論集12〉吉川弘文館、一九八三年、初出一九八〇年
蔵持重裕『中世村の歴史語り』吉川弘文館、二〇〇二年
桑山浩然「室町時代の徳政」、稲垣泰彦・永原慶二編『中世の社会と経済』東京大学出版会、一九六二年
小椋喜一郎「百姓一揆における鉄砲のあり方」『歴史評論』五一九号、一九九三年
斎藤洋一「武州世直し一揆のいでたちと得物」『学習院大学史料館紀要』創刊号、一九八三年
新行紀一「一向一揆と徳政令」、北西弘先生還暦記念会編『中世社会と一向一揆』吉川弘文館、一九八五年
高橋典幸「荘園制と悪党」『国立歴史民俗博物館研究報告』一〇四、二〇〇三年
田中克行「村の『半済』と戦乱・徳政一揆」『中世の惣村と文書』山川出版社、一九九八年、初出一九九三年
「土一揆と徳政一揆」『中世の惣村と文書』(前掲)、初出一九九五年

鶴田倉造「天草島原の乱」『本渡市史』本渡市、一九九一年、第三章第四節
寺沢光世・鶴田倉造校注『寺沢藩士による天草一揆書上』苓北町教育委員会、二〇〇〇年
永原慶二「嘉吉徳政一揆の性格について」『日本中世社会構造の研究』岩波書店、一九七三年、初出一九七〇年
中村吉治『土一揆研究』校倉書房、一九七四年
中村　質「島原の乱と鎖国」『岩波講座日本歴史』近世一、一九七五年
西尾和美「室町中期京都における飢饉と民衆」『日本史研究』二七五、一九八五年
服部英雄「原城の戦いと島原・天草の乱を考え直す」、丸山雍成編『日本近世の地域社会論』文献出版、一九九八年
林　銑吉『島原半島史』長崎県南高来郡教育会、一九五四年
藤木久志『豊臣平和令と戦国社会』東京大学出版会、一九八五年
『雑兵たちの戦場』朝日新聞社、一九九五年
「応仁の乱の底流に生きる」、勝俣鎮夫編集協力『ものがたり日本列島に生きた人たち』四、文書と記録下、岩波書店、二〇〇〇年
『飢饉と戦争の戦国を行く』朝日新聞社、二〇〇一年
「日本中世における風損・水損・虫損・旱魃・疾病に関する情報」『日本中世後期・近世初期における飢饉と戦争の研究』一九九七〜九九年度科学研究費補助金基盤研究A⑴（研究代表者・佐々木潤之助氏）研究成果報告書、『日本中世における民衆の戦争と平和』二〇〇〇〜二〇〇

二年度科学研究費補助金基盤研究A(1)（研究代表者・外園豊基）研究成果報告書に増補
保坂　智「百姓一揆」、朝尾直弘他編『岩波講座日本通史』第一三巻〈近世3〉、一九九四年
『百姓一揆とその作法』吉川弘文館、二〇〇二年
前川祐一郎「『情報』としての徳政令」『遥かなる中世』一五、一九九六年
松本寿三郎監修・鶴田倉造編『原史料で綴る天草・島原の乱』本渡市、一九九四年
水本邦彦「初期『村方騒動』と近世村落」『近世の村社会と国家』東京大学出版会、一九八七年、初出一九七四年
村井章介『分裂する王権と社会』〈日本の中世10〉、中央公論新社、二〇〇三年
村田修三「惣と土一揆」『岩波講座日本歴史』中世三、一九七六年
藪田　貫「百姓一揆と得物」『国訴と百姓一揆の研究』校倉書房、一九九二年、初出一九八七年
山田邦明「上杉謙信の地下人動員令」『戦国史研究』四〇、二〇〇〇年

著者紹介

一九四九年、東京都に生まれる
一九八三年、東京大学大学院博士課程単位取得退学
現在、東洋大学文学部教授

主要著書

一向一揆と真宗信仰　信長と石山合戦　一向一揆と戦国社会　戦国乱世を生きる力　蓮如(編)

歴史文化ライブラリー
181

土一揆の時代

二〇〇四年(平成十六)十月一日　第一刷発行

著　者　神《かん》田《だ》千《ち》里《さと》

発行者　林　英男

発行所　株式会社 吉川弘文館
東京都文京区本郷七丁目二番八号
郵便番号一一三―〇〇三三
電話〇三―三八一三―九一五一〈代表〉
振替口座〇〇一〇〇―五―二四四
http://www.yoshikawa-k.co.jp/

印刷＝株式会社 平文社
製本＝ナショナル製本協同組合
装幀＝山崎　登

歴史文化ライブラリー

1996.10

刊行のことば

現今の日本および国際社会は、さまざまな面で大変動の時代を迎えておりますが、近づきつつある二十一世紀は人類史の到達点として、物質的な繁栄のみならず文化や自然・社会環境を謳歌できる平和な社会でなければなりません。しかしながら高度成長・技術革新にともなう急激な変貌は「自己本位な刹那主義」の風潮を生みだし、先人が築いてきた歴史や文化に学ぶ余裕もなく、いまだ明るい人類の将来が展望できていないようにも見えます。

このような状況を踏まえ、よりよい二十一世紀社会を築くために、人類誕生から現在に至る「人類の遺産・教訓」としてのあらゆる分野の歴史と文化を「歴史文化ライブラリー」として刊行することといたしました。

小社は、安政四年（一八五七）の創業以来、一貫して歴史学を中心とした専門出版社として書籍を刊行しつづけてまいりました。その経験を生かし、学問成果にもとづいた本叢書を刊行し社会的要請に応えて行きたいと考えております。

現代は、マスメディアが発達した高度情報化社会といわれますが、私どもはあくまでも活字を主体とした出版こそ、ものの本質を考える基礎と信じ、本叢書をとおして社会に訴えてまいりたいと思います。これから生まれでる一冊一冊が、それぞれの読者を知的冒険の旅へと誘い、希望に満ちた人類の未来を構築する糧となれば幸いです。

吉川弘文館

〈オンデマンド版〉
土一揆の時代

歴史文化ライブラリー
181

2019年（令和元）9月1日　発行

著　者　神《かん》田《だ》千《ち》里《さと》
発行者　吉川道郎
発行所　株式会社　吉川弘文館
〒113-0033　東京都文京区本郷7丁目2番8号
TEL　03-3813-9151〈代表〉
URL　http://www.yoshikawa-k.co.jp/

印刷・製本　大日本印刷株式会社
装　幀　清水良洋・宮崎萌美

神田千里（1949～）

ISBN978-4-642-75581-8